技術者のための 《わかりやすく》書く技術

ロジカル・ライティング 1週間講座

山﨑政志 Masashi Yamazaki

logical writing

日本能率協会マネジメントセンター

はじめに

　仕事をするうえで必要なスキルは、なんでしょうか？
　私は、仕事力を「仕事力＝技術力×情報力」の式で表現できると考えています。特に、技術力があるのに情報力がないために、仕事が上手くいかないという事例を多く見てきました。本当にもったいないことです。
　情報力とは、必要な情報を相手に伝える力と、必要な情報を相手からもらう力のことです。そして、その情報を、文書によって伝えられることがビジネスの基本です。
　私たちは、仕事を進めてゆくと必ず人の助けを借りなければなりません。企業という組織は、それぞれが分業して最終的に製品やサービスを作る仕組みになっているからです。

　文書は、何のために書くのでしょうか？
　文書を書く目的は、「相手を動かす」ということです。自分の仕事を進めるために、相手に実行してもらいたいことを伝えるためなのです。また、逆に相手からの文書により、行動してもらいたいことが伝えられるのです。文書コミュニケーションを、上手に行なうことが仕事を上手く行なうことになるのです。
　コミュニケーション媒体としての文書は、重要な役割をもっています。「明確であること、記録として残ること、そして変わらないこと」という特性があるからです。正確な記録と証拠能力が

あることは、仕事が行なわれたことそのものであり、企業として重要な記録といえるでしょう。

　文書作成にどのくらい時間を費やしていますか？
　文書を受け取り・読み・考え・書き・発信する作業は、オフィス作業の5割を超えているのです。手早く文書を作成するスキルは、仕事ができることの重要な条件です。
　本書は、私がコンピュータエンジニアとしてのビジネス経験から生み出した、「文書の設計図から文書を書く」という方法です。文書力を磨く方法に近道はありません。しかし、「相手に伝えたい」という強い意志があれば、文書は上手く書けるようになります。本書を見ながら、実際に文書を書くことにより、文書作成の技術を身につけてください。

　最後に、本書を出版するきっかけとなった早稲田大学の篠田義明先生の講義やミシガン大学での夏期講習は、文書コミュニケーションの本質を与えてくれるものでした。また、早稲田大学エクステンションセンター八丁堀校には、設立より講義の機会を与えていただきました。ここに、感謝の意を表したいと思います。

2008年　6月　　　　　　　　　　　　　　　　　　山﨑　政志

＊本書は2004年に弊社より出版された
『仕事の基本　分かりやすく書く技術』
を増補・改訂し、改題したものです。

『技術者のための　わかりやすく書く技術』もくじ

はじめに　3
「相手に伝わる」文書を書く

1日目　コミュニケーション手段としての文書

1　コミュニケーションには目的がある　12
　（1）何のためのコミュニケーション？　12
　（2）コミュニケーション上手はここが違う　14
　（3）プロセスに分けて考える　15
2　文書を目的別に分ける　18
　演習1　19
3　文書を作成する手順を知る　21
　（1）大切なのは3つの技術　21
　（2）文書を作成する手順を考える　22
コラム　風が吹けば桶屋が儲かる
4　文書の重要性を知っておく　26

2日目　相手を動かすためには何が必要か

1　相手を説得し、行動させるために必要な項目　28
　（1）良い手紙、悪い手紙　28
　（2）コミュニケーション分析の流れを知る　33
　（3）「コミュニケーション仕様定義書」の使い方　35
2　動機づけを間違うと相手は動かない　37
　（1）相手が動くきっかけは何か？　37
　（2）文書の設計図を描く　39
　　演習2　40
3　設計図を描き、文書を書く　44

演習3　44
コラム　電子メールのコミュニケーション

理解しやすい文書とはどんな文書か

1. 誰もが知っている形はわかりやすい　54
   - （1）「わかる」ということ　54
   - （2）型を決めてから内容を展開する　56
2. ふさわしい型にあてはめると理解しやすい　58
   - （1）文書にも3つの型がある　58
     - 演習4　61
   - （2）ビジネスで使う文書の基本型　64
     - 演習5　66
3. 文書内容はどんな順番で展開する？　69
   - （1）一文書1テーマの原則　69
   - （2）4分割法と3分割法　69
   - （3）理解しやすい展開の基本　71

文章を読みやすく、わかりやすくする方法

1. 文章を作成する手順を知る　76
   - （1）文書と文章と文の違い　76
   - （2）テーマ→トピック→パラグラフ→文章　78

コラム　章立て

2. パラグラフの構造をまず決める　80
   - （1）パラグラフを3つに分解する　80
   - （2）文のつなぎ方でわかりやすさが変わる　82
   - （3）パラグラフのつなぎ方　86
     - 演習6　88
   - （4）テーマ選定から文章作成までの手順　93

コラム　発想とキーワード

3 　1つ1つの文をわかりやすくする　94
　　（1）わかりやすい文の構造とは？　94
　　（2）文の牽引役は動詞　96
4 　的確な用語を使う方法　99
　　（1）意味があやふやな用語は使わない　99
　　（2）1つの用語は1つの意味で使用する　99
　　（3）受け手のことを考えて用語を選ぶ　100
　　（4）不要語・冗長語句は使わない　100
コラム　長い文がわかりづらい理由
5 　明確な表現をするためのルール　103
　　（1）記述符号の使い方　103
　　（2）箇条書きの効果とルール　104
　　　演習7　105
　　（3）具体的な数値で表現する　107
　　（4）カタカナとカッコの混ざる文のコツ　107
　　　演習8　108
　　（5）図表を使う際の注意点　110
コラム　トピック・センテンス

相手を動かす提案書の書き方

1 　提案内容をどうやって考え出すか　112
　　（1）テーマを確定し、仕様定義書を作成する　112
　　（2）改善項目をどこから発想しはじめるか　112
2 　提案内容をパラグラフに展開し、文章を書く　117
　　（1）パラグラフ構造にあてはめる　117
　　（2）パラグラフ構造から文章を書く　117
　　　演習9　120
コラム　右脳と左脳
3 　提案書を書く目的は何か　121

    （1）なぜ提案書が重要なのか？ 121
    （2）課題解決型提案書と目標設定型提案書 123
 4 良い提案書、悪い提案書、その差はココだ！ 125
    （1）経営会議に提出された企画書の場合 125
      演習10 125
    （2）経費認可を求める決裁文書の場合 131
      演習11 131
    （3）講師派遣をお願いする依頼状の場合 137
      演習12 137
 5 相手を動かす提案に必要なこと 143
    （1）日頃の仕事への取り組み方を大切にする 143
    （2）大事なのは提案内容だけじゃない 144
    （3）情報の収集と整理・発想 145
 コラム　エジソンの工夫
 コラム　デルファイ法

相手の役に立つ報告書の書き方

 1 報告書の目的と必要項目を押さえる 150
    （1）「報告する」とは？ 150
    （2）報告書は書くタイミングが大事 152
    （3）報告書の構造には2つの型がある 153
    （4）報告書のコミュニケーション分析 155
 2 良い報告書と悪い報告書を見分ける 157
    （1）業務報告書の場合 157
      演習13 157
    （2）出張報告書の場合 163
      演習14 163
    （3）事故報告書の場合 169
      演習15 169

（4）顧客に提出する事故報告書の場合　175
　　　　演習16　175
　3　相手の役に立つ報告書　181
　　（1）報告書を書く際の重要ポイント　181
　　（2）相手を動かす仕事の頼み方・仕事の受け方　182
　　（3）報告書のパフォーマンス分析　183
　コラム　良い報告をもらうには

7日目 会議文書の書き方とこれだけは知っておきたい文書ルール

　1　**会議の目的を知り、文書を書く**　186
　　（1）効果のある会議をしているか　186
　　（2）目的別会議の種類と進め方　186
　　（3）準備から後処理まで、会議をデザインする　188
　2　**会議の開催案内状と議事録を作成する**　191
　　（1）案内状は日程に注意　191
　　　　演習17　191
　　（2）議事録は実行を促すために書く　197
　　　　演習18　197
　3　**これだけは知っておきたい文書のルール**　203
　　（1）著作権の基礎知識　203
　　（2）著作物の利用ルール　206
　　（3）著作物の引用の仕方　206
　　（4）社会秩序への配慮　207
巻末資料　手紙の用語　210
　　　　　尊敬と謙譲の表現　214
　　　　　ワークシート　216

「相手に伝わる」文書を書く

　私たちは、どういう場面で文書を書くのでしょう？

　「お元気ですか」と安否を尋ねる手紙、「披露宴に来て欲しい」という依頼状、仕事の状況を伝える報告書、改善提案を行う企画書、会議の開催通知書など、さまざまな要件の文書を書きます。

　では、これらの文書を何のために書くのでしょう？

　それはもちろん**相手に伝える**ためです。

　なぜ**相手に伝える**のでしょうか？

　それは、**相手に何かしてもらいたい**からです。つまり、相手に行動してもらいたいことを伝えたいのです。行動といっても、いろいろなレベルがあります。わかってもらうだけでいいレベルから、実際に体を動かしてもらうレベル、お金を出してもらうレベルまでさまざまです。しかし、相手を動かす度合は違うものの、それぞれの文書には、「相手を動かそう」とする目的があるのです。

　そこで一番大切なことは、「何のために」という達成目的を明確に示し、そのために「相手に何をしてもらうか」を伝えることです。

　「文書は、ある目的を達成するために、相手を説得し、行動させるために書く」

　本書では、そのための文書の書き方を説明していきます。

1日目
コミュニケーション手段としての文書

1 コミュニケーションには目的がある

1 何のためのコミュニケーション?

コミュニケーション（Communication）とは、ある目的を達成するために、行動してもらいたい相手に情報を伝えることです。目的を達成するため、お互いのコミュニケーションが上手くいき、情報共有ができているとき、その目的が達成されます。一方、仕事が上手くいかない、プロジェクトが失敗するときは、メンバー内で情報が共有されていません。

コミュニケーションを行なう目的と、そのために必要な要素は次の通りです。

●目的：自分の意図したことを達成するため、相手に情報を伝え行動してもらうこと
●要素：プロトコルとメッセージ

プロトコル（Protocol）とは、お互いがメッセージを伝えるための約束ごとです。情報を相手に伝えるためには、いくつかの約束ごとが必要になります。

例えば、手紙を出す場合を考えてみましょう。まず、封筒には、住所・宛名・郵便番号・切手・差出人名が必要です。これは、郵便という仕掛け・制度を利用して手紙を出す場合のルールであり、約束ごとの情報です。これらの約束ごとをプロトコルといいます。

メッセージ（Message）は、相手に伝えたい情報そのものです。手紙の場合なら、「拝啓」からはじまり挨拶文、伝えたい内

容（本文）と続きます。

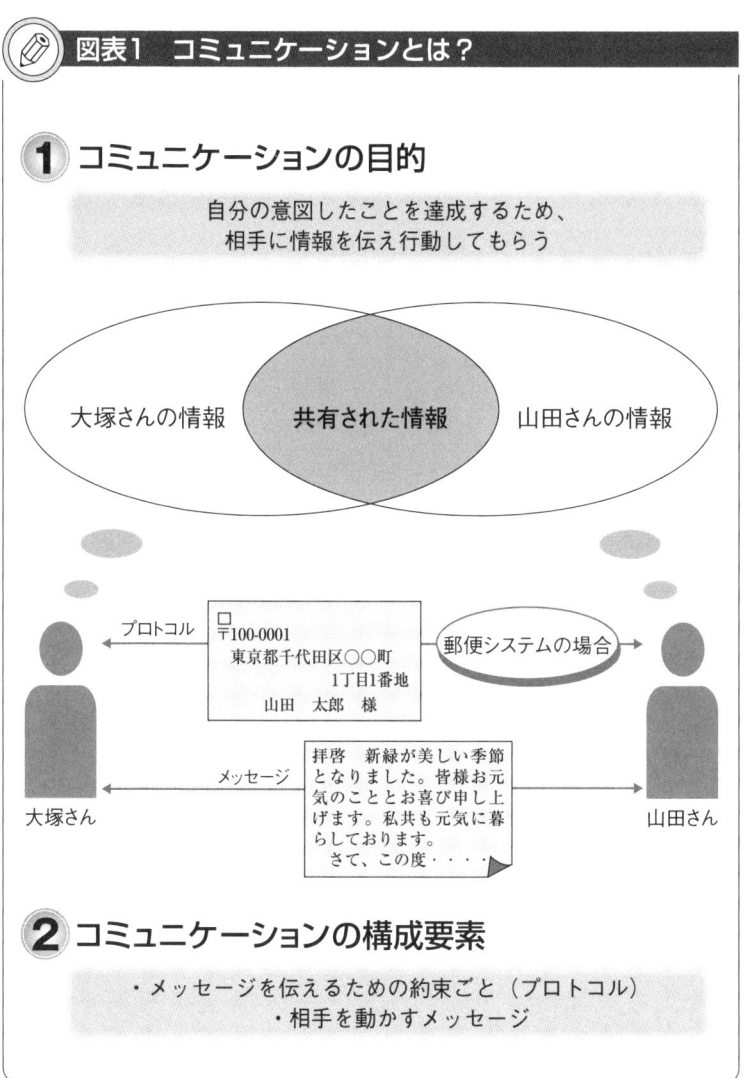

2 コミュニケーション上手はここが違う

　コミュニケーションを行なうために、人間には情報を処理する機能が備わっています。その機能とは、読む／聴く、考える、話す／書くという3つの機能です。コミュニケーション手段としては、言葉によるコミュニケーションと表情や行動などの非言語によるコミュニケーションがあります（図表2）。

　これらの機能は、使って磨けば磨くほど良くなります。人の話を聴く力、いろいろなことを考え出す力、相手を説得する文書を書く力は、訓練によって向上するのです。そして、読む／聴く技術、考える技術、書く技術を身につけた人がコミュニケーションを上手に行ない、仕事のできる人となるのです。

　「文書を書く」ためには、「相手に伝えたい内容を考え出す」技術とそれを「相手にわかりやすく表現する」技術が重要です。

図表2　コミュニケーション技術

	入力機能	処理機能 （考える）	出力機能 （表現）
言語 コミュニケーション	聴く技術 読む技術	問題解決のための技術 ・情報収集技術 ・整理技術 ・分析技術 ・発想技術	話す技術 書く技術
非言語 コミュニケーション	感じ取る技術		表情や行動で表現する技術

3 プロセスに分けて考える

相手に情報を伝えるプロセスを考えてみましょう。

まず「親元を離れている息子タカシが、親にお金を送ってもらおうと手紙を書いている場面」を想像してください。タカシは、どのようなプロセスを経れば、お金を得ることができるでしょうか。

タカシが親にお金を送ってもらう手紙を書き、実際にお金を得るという目的を達成するまでのプロセスを示したのが図表3です。①～⑥のプロセスをたどってみてください。

図表3 コミュニケーション・プロセス

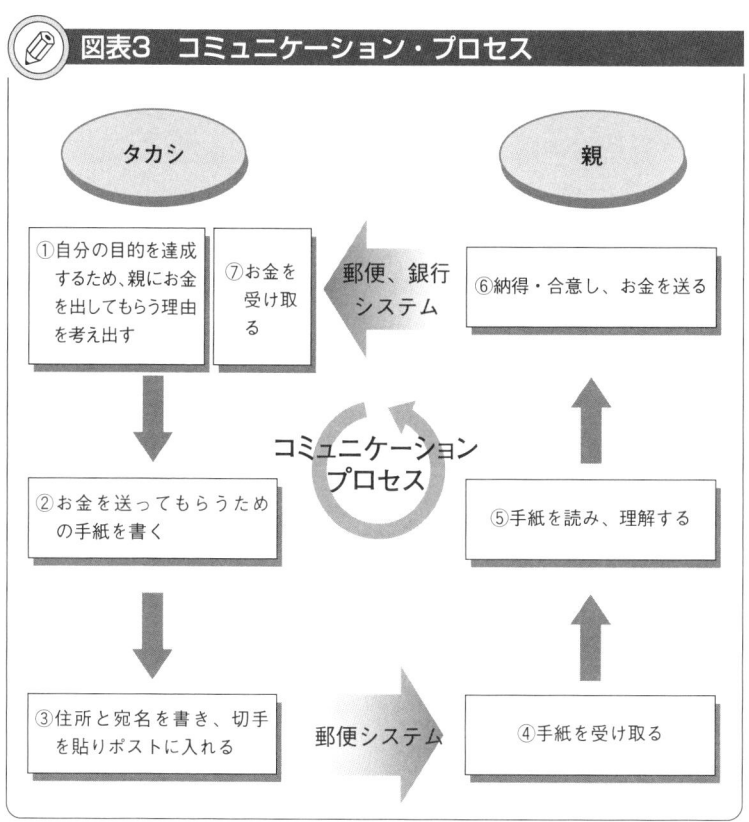

この6つのプロセスをすべてクリアできれば、最終的に「お金を手にする」というタカシのコミュニケーション目的が達成されます。この一連の流れをコミュニケーション・プロセスといいます。これらの各プロセスがすべて上手くいったとき、コミュニケーション目的が達成されるのです。

　それでは、コミュニケーションが失敗するのはどういう場合でしょうか。それは、④⑤⑥のいずれかのプロセスが上手くいかない場合です。例えば、④「住所の間違いなどで手紙が届かない」「犬猿の仲なので手紙を受け取らない」、⑤「書いてある内容が理解できない」、⑥「内容は理解できたが、納得できない、合意しない」などです。

　そして、その原因は、相対する発信者側の①②③のプロセスのどこかで作り出しているのです。

　図表4を見てください。コミュニケーション・プロセスの発信者と受信者の相対するプロセスが3つの層になっていることがわかります。これらの各層を、動機づけ層・表現層・伝達層と呼ぶことにします。

● 動機づけ層：発信者の目的達成のため、受信者に行動してもらうための動機づけをする機能をもちます
● 表現層：受信者が正しく理解できるように、言葉によって表現し内容を伝える機能をもちます
● 伝達層：情報を相手に受け渡す機能をもちます

1日目 コミュニケーション手段としての文書

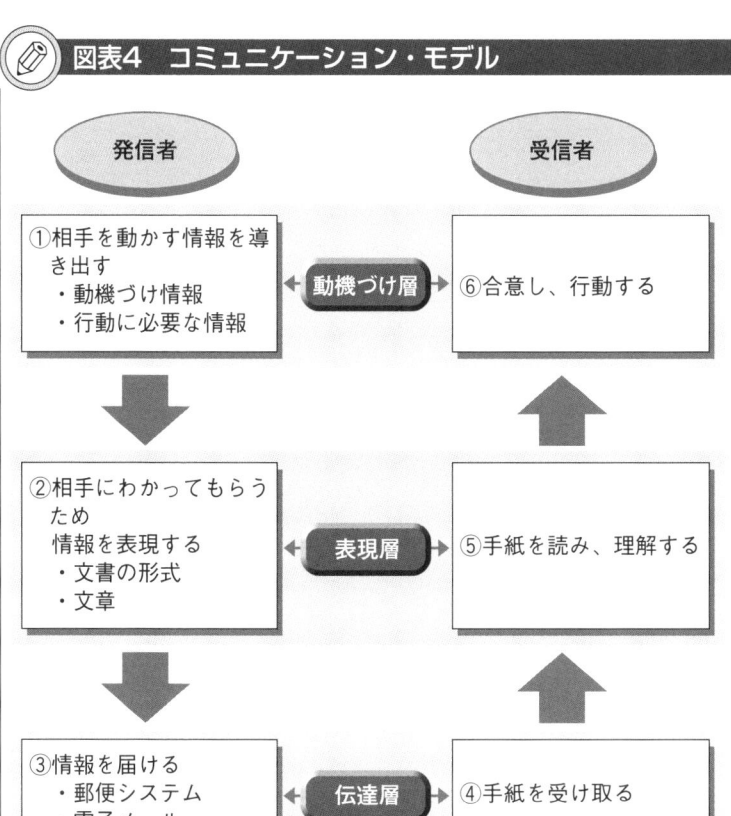

図表4 コミュニケーション・モデル

2 文書を目的別に分ける

　文書には、どんな種類があると思いますか？
　一般にビジネス文書と呼ばれている文書としては、報告書、提案書、案内書、依頼書、カタログ、取扱説明書などが挙げられます。文書をその目的、すなわちコミュニケーション目的別に分類すると、提案文書、報告文書、マニュアルの3種類になります（図表5）。コミュニケーション目的とは、発信者の目的を達成するために、相手を説得し、「どのように動いてもらうか」という文書の役割をいいます。

 図表5　文書の種類

文書の種類	提案文書 proposal	報告文書 report	マニュアル manual
コミュニケーション目的	①発信者の意図を伝え ②説得し ③行動してもらう	①仕事の結果を伝え ②相手の行動に役立つ	①行動に必要な情報を伝え ②相手が行動できる
文書例	命令書、指示書 企画書、計画書 決裁文書、依頼書 案内書、カタログ	業務報告書 事故報告書 会議議事録 調査報告書 研究報告書	取扱い説明書 解説マニュアル 操作マニュアル 業務マニュアル

- 提案文書は、発信者の意図を伝え、相手を説得し、さらに行動させる目的をもった文書です。命令書や指示書は最も強く行動を促すレベルのもので、案内書やカタログは弱いレベルの提案文書を意味します。
- 報告文書は、状況や結果を伝え、相手の行動に役立つ文書です。相手の行動に役立つとは、受信者がこの報告に関心をもち、報告内容によって受信者自身がどうするかを判断し行動することを意味します。
- マニュアルは、商品・製品の使い方や制度・方法を理解させ、相手が自主的に行動できる文書です。自主的に行動できるとは、例えば、パソコンで文書を作りたい、おいしい料理を作りたいという気持ちから、読者自身が自主的に読み、動き出すという意味です。

よく、マニュアルがわかりづらいという声を耳にします。しかし、マニュアルは、読者自身が読みたいと思って入手し読む文書なのです。文書を作成する側から見ると一番書きやすいものです。では、なぜわかりづらいのでしょう？ それは、本書を読んでいく中で気がつくと思います。

(演習1) 次の文書は、どの文書カテゴリーに入りますか。
①法令、②稟議書、③論文

稟議とは、官庁・会社などで、仕事上の決裁を得るために案件を関係者に回覧し、その承認を求めることをいいます。稟議書とは、その文書のことです。

(演習1の解答)

①法令には、起案、審議、公布という状態があります。起案、審議の状態では、提案文書です。しかし、法令が公布されたら、その内容は守らなければならないことの記述ですからマニュアルのカテゴリーに入ります。

②稟議書は、提案事項について承認する行動を促していますから、提案文書のカテゴリーに入ります。
上申書や決裁文書も同じ種類、つまり提案文書のカテゴリーに入ります。

③論文とは、「研究の業績や結果を書き記した文」(広辞苑)、「意見または研究の成果を筋道を立ててまとめた文章」(日本語辞典)とあり、文書内容の論理構造を強調したいい方です。内容は、調査結果を論じているものから独自の主張・方法を論じているものまであります。しかし、それを活用するかしないかは、読者が決めることです。コミュニケーション目的から考えると、報告文書のカテゴリーに入ると考えてよいでしょう。

③ 文書を作成する手順を知る

1 大切なのは3つの技術

あなたは、仕事の中で文書に関係する作業の割合がどのくらいありますか？ 私の場合は、6割から7割が文書に関わる作業です。その内訳は、文書を読む、整理する、文書を作成する（文書の検索・内容の発想・書く）、そして文書を出す（発信）などの作業です。

もちろん、最近では紙媒体以外に電子媒体の文書が多くなりました。連絡・問い合わせは電子メールが圧倒的に多くなっています。発信・受信という伝達部分は便利になりましたが、その分到着する文書が増え、文書処理の効率化がますます重要となってきています。

文書作成スキルを上げるためには、どんな技術要素を磨けばいいのでしょうか？ コミュニケーション機能層別に、関連する文書作成技術とその評価尺度を図表6に示します。

コミュニケーション機能層の中で、伝達層の技術革新は目覚しいものがあります。しかし、動機づけ層、表現層は、私たちの頭脳で行なう作業であり、それぞれの人たちの感性と努力で決まる分野です。その技術の伝承と学習の繰り返しですから、昔からそれほど進歩していないと思います。

本書はこの中で、①動機づけ層の相手を動かすための問題解決技法、②表現層の相手にわからせる文書構成技術、③文章作成技術について解説していきたいと思います。

図表6　文書作成技術

コミュニケーション機能層	文書作成技術	技術の評価尺度
動機づけ層 相手を動かす	行動心理学 ①**問題解決技法**	相手が行動する確率
表現層 わからせる	認知心理学 言語システム ②**文書構成技術** ③**文章作成技術**	文書作成効率 文書理解効率
伝達層 伝える	通信インフラ 　郵便システム 　インターネット	伝達コスト セキュリティの度合

2　文書を作成する手順を考える

　相手を説得し、行動させる文書は、どうやって書いたらよいのでしょうか？　そこに近道はありません。皆それぞれが工夫して、自分なりのやり方で書いているのだと思います。しかし、「書く」というプロセスを分析してみると、そこに、あるヒントを見出すことができます。

図表7　文書目的達成のロジック

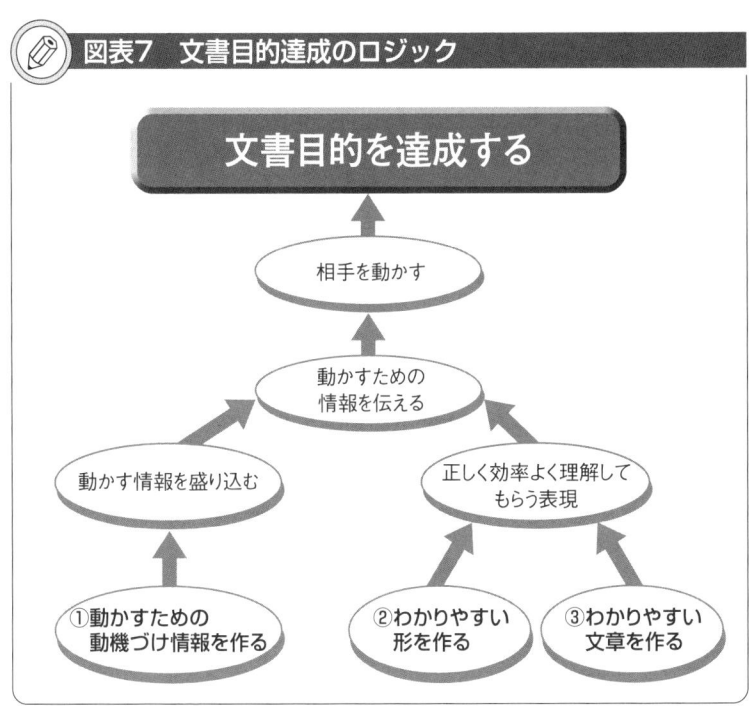

　図表7は、目的達成のロジックを示しています。このような図式表示を、影響（インフルエンス）ダイアグラムといい各項目の因果関係を整理するのに使います。

　図表7で示したロジックから、文書作成に必要なのは、次の3つであることがわかります。

①相手を説得し行動させるための情報をどうやって作るか
②正しく効率よく理解させるためには、どのような形の文書にすべきか
③わかりやすい文章をどう作成するか

図表7のロジックに基づいて、実際に文書を作成する手順をどうするか。私の考えた手順を図表8に示します。ステップ1・2・3は図表7の①②③に対応しています。

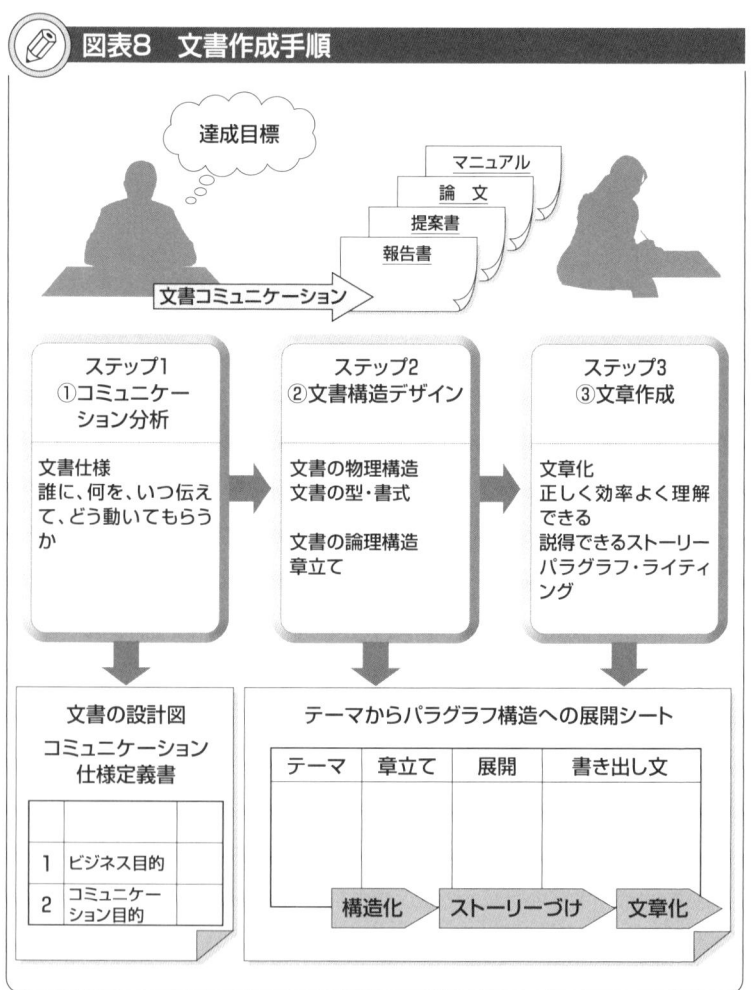

図表8　文書作成手順

①コミュニケーション分析では、相手を説得し、動かすために必要なことは何か、文書のもつべき要件（文書仕様）を明確にします。文書仕様とは、文書の目的と目的達成に必要な項目（誰に、何を、いつまでに）などの情報を指します
②文書構造デザインでは、相手に効率よく、正しく理解してもらうための文書の構造を決めます。文書の物理構造としての型や書式（提案書の形、報告書の形、マニュアルの形）を決めます。次に、論理構造（章立てなど）を決めます
③文章作成では、文書構造デザインで決めた構造に従い、正しく効率よく理解できる文章に置き換えます。ここでのストーリーが説得する重要な役割を果たします。パラグラフを意識した文章の作成を行います

> **コラム　風が吹けば桶屋が儲かる**
>
> 　昔から伝え聞く話に、「風が吹けば桶屋が儲かる」という小話があります。
> 　展開はこうです。風が吹く→砂埃が立つ→砂が目に入り失明者が増える→失明者は生活のため三味線を弾く→三味線が売れる→猫の皮の需要が増える→猫が減る→鼠が増える→鼠にかじられる桶が増える→桶屋が儲かる。因果関係ロジックを面白く言い伝えている小話です。
> 　ロジックとは、誰もが納得のいく筋道をいいます。文書作成のロジックを図表７、８でもう一度確認してください。

4 文書の重要性を知っておく

　文書がもつ本質的な特性は、「記録された情報が残ること」「変化しないこと」です。この特性を利用して、時間を超えた次のような利用方法があります。

●証拠として使う
●次の仕事のために使う（知識やノウハウを伝承する）

　文書を上手に利用するためには、常に文書を整理し、いつでもすぐに使えるように管理しておく必要があります。企業において文書を管理する目的は、次のような理由によるものです。

①書類を整理・保存し、必要に応じて即座に検索できるシステムを整備し、書類に関する業務の効率化を図る。また、不要な書類を削減し、余分なスペースや経費を削減する
②法令・契約に定められた文書保存義務を遵守する。また、紛争に備えて必要な証拠を保全する
③企業の良さの客観的尺度として、品質やセキュリティ面で外部認証を得ることが必要不可欠となっている。この中で、文書管理が重要な監査項目となっている

　ISO9000という国際規格では、文書管理について品質マニュアルの作成、検査記録などの文書化・保存を義務づけています。こうした点でも、文書がいかに大切であるかがわかると思います。

2日目
相手を動かすためには何が必要か

 相手を説得し、行動させるために必要な項目

1 良い手紙、悪い手紙

　手紙を受け取った相手が、思い通りに動いてくれるためには何が必要なのでしょうか。次の手紙を見て、相手（お父さんとお母さん）がどんな受け取り方をするか考えてみてください。

 文書1　子から親への手紙

父さん、母さんへ

お元気ですか。僕は元気です。学校にも慣れ友達もできました。部活のほうは、好きだったトランペットを続けたいと思い、吹奏楽部に入りました。ところで、今持っているトランペットは古いので新しいのを買いたいのです。先輩が紹介してくれた楽器屋に良いのがありました。しかし、10万円足りないのです。お金を送ってください。来月の合宿には間に合わせたいので。

　　　　　　　　　　　　　　　　　　高志

皆さんが、お父さん、お母さんだったらどうしますか？　お金を送りますか？

おそらく多くの親は、次のような受け取り方をするのではないかと思います。

①「親しき仲にも礼儀あり」。お願いする手紙になっていない
②子どもの本当の目的は何か。単にトランペットを新しく買いたいだけなのか、本当は違う目的があるのではないかと疑い、お金を出すか出さないか、判断に迷う
③たとえ、納得・合意したとしても、いつまでに、どういう手段で送金したら良いかわからない。行動するために必要な情報が明示されていない

それでは、どう改善したらよいのでしょうか？
文書2に改善例を示します。先に示した①〜③の問題点を解決した内容となっています。

文書2　子から親への手紙　改善例

父さん、母さんへ
　初夏の風もすがすがしい頃となりました。お元気ですか。僕は元気です。学校にも慣れ、友達もできました。クラブ活動のほうは、好きなトランペットを本格的にやりたいと思い、吹奏楽部に入りました。トランペットの一流奏者になることが夢です。
　ところで、今持っているトランペットはもう古くなりました。できたら買い換えたいと考えています。先輩が紹介してくれた楽器屋に良いのがありました。30万円するのですが、10万円足りないのです。ご支援をお願いできませんでしょうか。バイト代から少しずつお返ししたいと考えています。
　できましたら、来月末の合宿には間に合わせたいと思います。7月10日までに、私の銀行口座に振り込んでいただけたら幸いです。
　だんだん、暑くなってきます。お体に気をつけてください。
　まずは、お願いまで。

2008年6月1日

高志

どうでしょうか。これでお父さん、お母さんはお金を送ってくれるでしょうか？　お金が振り込まれたらこの手紙のコミュニケーション目的は、達成されたことになります。
　ここで、文書に盛り込むべき内容として「どのような項目が必要だったのか」を考えてみましょう。
　文書2の手紙を分析してみます。展開ロジックは、次の通りです。

①一流のトランペット奏者になりたい
②そのためには、吹奏楽部に入って良いトランペットで練習をする必要がある。良いトランペットを手に入れるためにトランペットを買う費用を親に出してもらう
③そのためには、親を説得する情報が必要
④最後に、「送金する」という行動に必要な情報として「自分の銀行口座に7月10日までに10万円を振り込む」が必要

　展開ロジックを一般化すると次のようになっています(図表9)。

①一流のトランペット奏者になる
　これが高志君の達成目的です。この達成目的が手紙を書くきっかけとなったのです。
②トランペットを買う費用を親に出してもらうために手紙を出す
　これが文書の目的です。これをコミュニケーション目的と呼ぶことにしましょう。
③説得する
　手紙の中で一番重要な情報です。今回は、高志君の「一流のトランペット奏者になりたい」という目標に対し、「親の使命感

から支援する」という動機づけを想定しました。
④送金してもらう
　親に行動してもらう行動内容です。

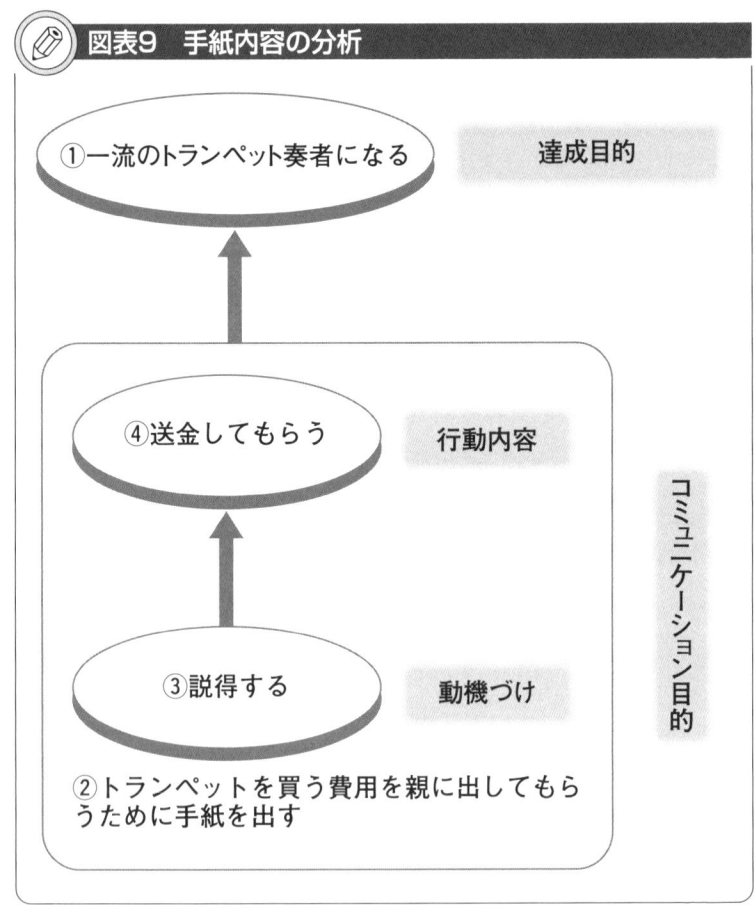

図表9　手紙内容の分析

2 コミュニケーション分析の流れを知る

　コミュニケーション分析とは、相手を動かす文書を作るため、どんな文書（形と内容）にすべきかを決めることをいいます。この文書の形と内容をコミュニケーション仕様と呼ぶことにします。

　決めていく手順は、先に示した展開ロジックの①②③④の順です。自分の目的達成のため、相手に何を伝えたらよいのか。文書内容を明確にするためのコミュニケーション分析をしてみましょう。コミュニケーション分析は、次の手順で行ないます。

◇1◇　コミュニケーション目的の定義

　文書を書く出発点は、自分の達成目的を明確にすることです。「一流のトランペット奏者になりたい」、これが達成目的です。そのために、「親にお金を出してもらう」、これが手紙の目的、つまりコミュニケーション目的となります。

◇2◇　コミュニケーション仕様の定義

　コミュニケーション目的が決まれば、相手にどういう情報を伝えたらよいかは、自ずと決まります。つまり相手を説得し、行動させる情報です。

◇3◇　情報の収集・整理

　コミュニケーション仕様が決まったら、必要な情報を集め、整理し、文書に盛り込むべき情報を準備します。

　この手順を図表10に示します。

図表10　コミュニケーション分析手順

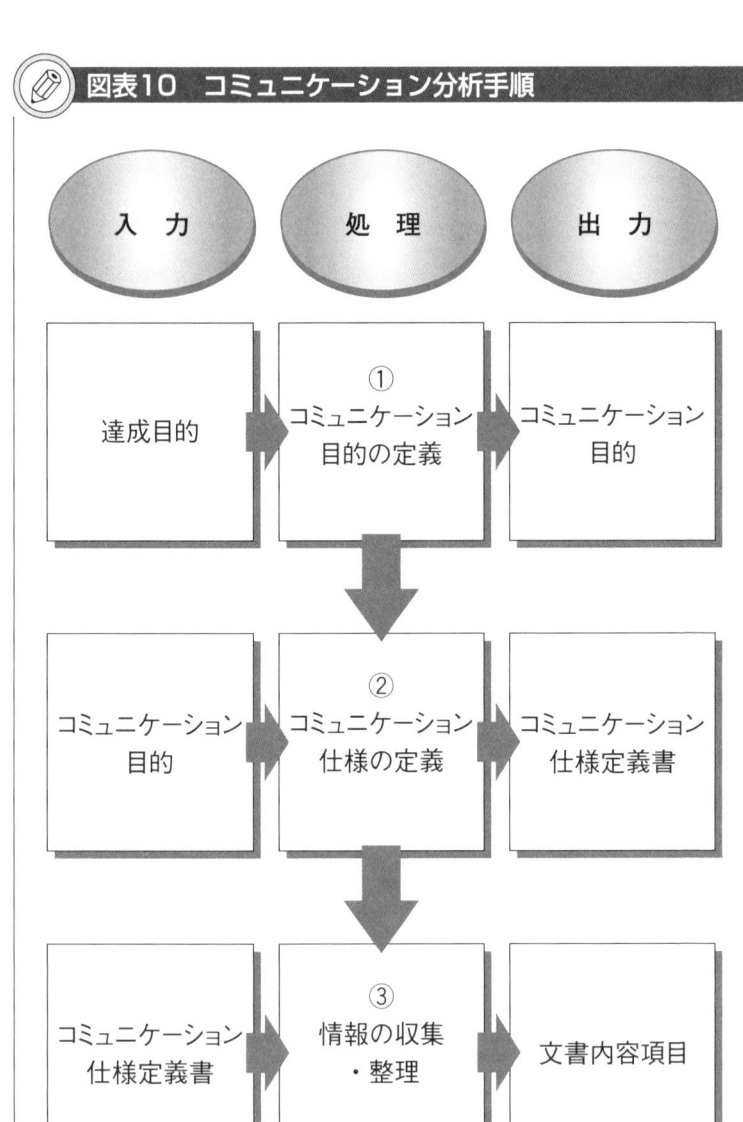

3 「コミュニケーション仕様定義書」の使い方

　子どもが親にお金を出してもらうケースで、あなたなら、どのような手紙を書いたでしょうか？　手紙の内容をどのように発想したでしょうか？

　内容を発想する代表的な技法に5W1H（What、When、Where、Who、Why、How）がありますが、ここでは、5W1Hに加え、私の経験から考え出した、文書内容項目一覧表とでも呼ぶべきワークシートを紹介しましょう。

　まずは、文書3を見てください。これを「コミュニケーション仕様定義書」と呼ぶことにします。ここには、1～9の項目があります。この9項目こそ、相手を説得し、行動させる文書に必用な項目なのです。この9項目が明確にできたら、相手を説得し、行動させる文書の骨格ができあがります。

　それでは、このコミュニケーション仕様定義書の使い方を説明しましょう。先ほどの手紙の改善例「文書2」を読んで、そこからわかることをコミュニケーション仕様定義書に当てはめたのが文書3です。

　本来はこのコミュニケーション仕様定義書を記入してから手紙を書くわけですが、今回はわかりやすく説明するために逆の順序をたどってみました。各項目と手紙の文章との関連をよく見てください。項目6については3日目の1節で、項目8については次節で説明します。

文書3　コミュニケーション仕様定義書

◆コミュニケーション仕様定義書		
1	達成目的（ビジネス目的）	一流のトランペット奏者になる
2	コミュニケーション目的（手紙の目的）	トランペットを買う費用を親に出してもらう
3	文書タイトル	――
4	発信者	FROM：高志
5	受信者	TO：両親　　　　　CC：
6	受信者のバックグラウンド	地位・組織：親 専門分野・出身：
7	伝達タイミング	発信日時：2008.6.1　発信サイクル：
8	動機づけ要素	向上心、興味、(使命感)　／　ルール、慣習、マナー　／　不安感、損得、利便性	一流のトランペット奏者（子どもの成長に対する支援）
9	行動内容（相手に行動してもらう内容）	7月10日までに10万円を子どもの銀行口座に振り込む	

(注) 達成目的は、会社での文書の場合、ビジネス目的という用語がしっくりします。以降、「ビジネス目的」とします。

2 動機づけを間違うと相手は動かない

1 相手が動くきっかけは何か？

コミュニケーション仕様定義書の中の項目8「動機づけ要素」について説明しましょう。

人が行動を起こすきっかけを「動機づけ」といいます。行動心理学者のアブラハム・マズローの「欲求の5段階説」によれば、人の欲求は、図表11に示すように、5つの欲求のレベルがあるといわれています。

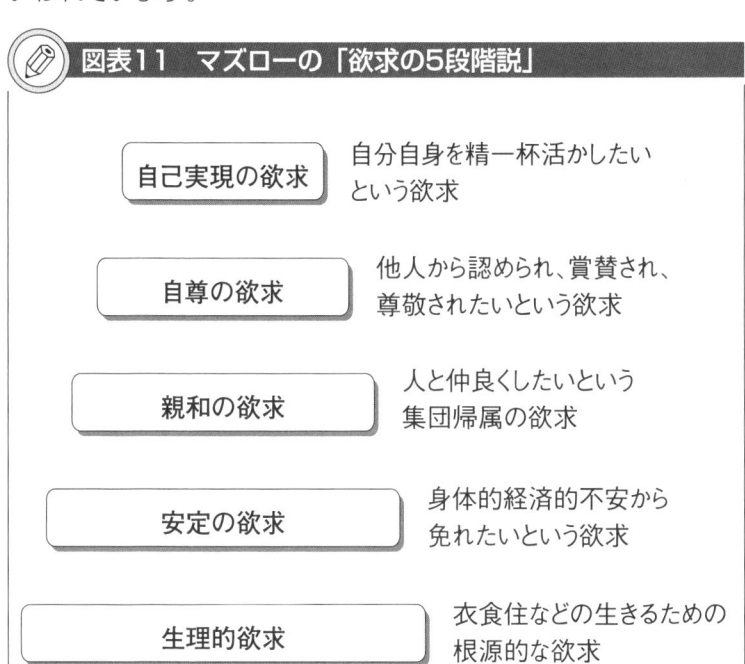

図表11 マズローの「欲求の5段階説」

自己実現の欲求	自分自身を精一杯活かしたいという欲求
自尊の欲求	他人から認められ、賞賛され、尊敬されたいという欲求
親和の欲求	人と仲良くしたいという集団帰属の欲求
安定の欲求	身体的経済的不安から免れたいという欲求
生理的欲求	衣食住などの生きるための根源的な欲求

この「欲求の5段階説」は、生理的欲求のレベル、すなわち人が生活するうえで必要な根源的な欲求からはじまって、そのレベルの欲求が満たされると一段上の欲求を目指してゆくというものです。そして、人間は、より上位のレベルの欲求を満たそうと努力しているのです。

　文書によるコミュニケーションの場合は、どう考えたらよいでしょう。私は、手紙を読んだ相手が、行動しようとする動機づけの要素として、行動の質的レベルから次の3つに分けることができると考えました（図表12）。

①不安感・損得・利便性：マズローの生理的欲求と安定の欲求に該当し、生存本能的なレベル
②ルール・慣習・マナー：マズローの親和の欲求に該当し、社会生活を営むうえでの約束ごとレベル
③向上心・興味・使命感：マズローの自尊の欲求と自己実現の欲求に該当し、良くなろう、こうなりたいというレベル

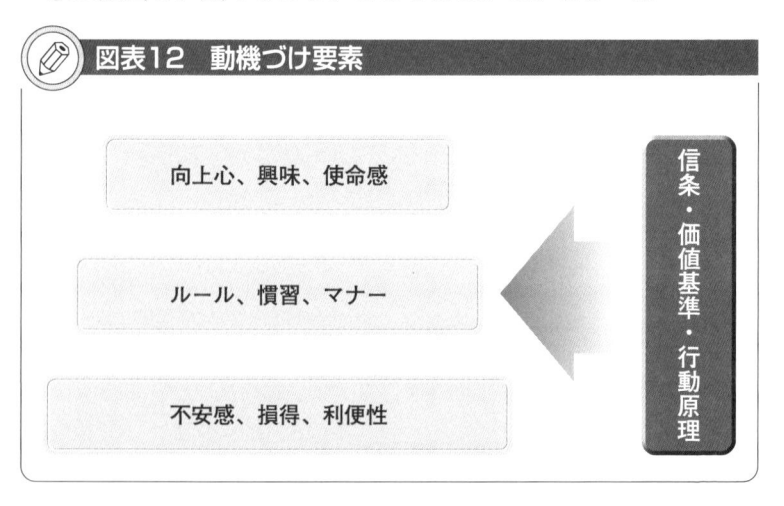

図表12　動機づけ要素

- 向上心、興味、使命感
- ルール、慣習、マナー
- 不安感、損得、利便性

← 信条・価値基準・行動原理

先ほどの文書２の手紙の場合、動機づけ要素は、親の使命感であるとしました。子どもが「一流のトランペット奏者になる」ために支援を要請してきたわけですから、親としての「使命感」が、動機づけ要素だと考えたのです。
　さらに、３つのレベルの動機づけ要素をコントロールするものとして信条・価値基準・行動原理が底辺にあるものと思われます。
　先ほどの文書２の手紙では、親の「使命感」に訴えていますが、これに対し「いや甘やかしてはいけない。自分でお金を稼いで自分の力でトランペットを買うことが、子どもにとって良いことだ」という信条のほうが優先するかもしれません。
　その場合には、手紙のコミュニケーション目的は達成されません。したがって、もっと他の動機づけ要素に訴える必要があります。動機づけは、発信者と受信者の人間関係に左右されることも多いものです。日頃から、相手との関係を良好に保っておくことも文書コミュニケーションに大事なことです。

2　文書の設計図を描く

　家を建てる際には、まず設計図を描きます。同じように、文書を書く場合も設計図があると書きやすいとは思いませんか。そう、それが、「コミュニケーション仕様定義書」なのです。いわば、これは文書の設計図なのです。
　次の演習２を通して、コミュニケーション仕様定義書の書き方を、まずはマスターしてください。

演習2 皆さん自身が、文書4の「電子メール」を受け取ったと考えてください。これを読み、表現されている情報から、わかったことを「コミュニケーション仕様定義書」に記入してください。

> **ワンポイントアドバイス** コミュニケーション仕様定義書で埋まらない項目があると思います。埋まらないところが、この文書の悪いところです。皆さんならどのように埋めますか？

　演習2の解答例を42、43ページに掲載しています。文書4と改善文書を見比べ、その違いを理解し、「コミュニケーション仕様定義書」の書き方を習得してください。

文書4　電子メール

```
                                            2008年2月12日
                                            情報システム部
                                            小山（内線1234）

                    メールサーバーについて

メールサーバーを、以下の通り停止致します。

 ・実施日時：2／15（金）18：00～24：00

 ・停止機能：メール機能

作業に伴いメール機能は全て利用できなくなりますので18：00までにメールに関連
するファイルを編集している場合は保存し、編集を中断してください。

編集を中断しなかった場合、変更したデータが失われる可能性があります。
```

コミュニケーション仕様定義書

◆コミュニケーション仕様定義書			
1	ビジネス目的		
2	コミュニケーション目的		
3	文書タイトル		
4	発信者	FROM：	
5	受信者	TO：	CC：
6	受信者のバックグラウンド	地位・組織： 専門分野・出身：	
7	伝達タイミング	発信日時：	発信サイクル：
8	動機づけ要素	向上心、興味、使命感	
		ルール、慣習、マナー	
		不安感、損得、利便性	
9	行動内容		

演習2の解答例

電子メールのコミュニケーション仕様定義書

◆コミュニケーション仕様定義書		
1	ビジネス目的	情報伝達の効率化による業務効率の向上
2	コミュニケーション目的	メールサービスの停止通知とバックアップ取得を依頼し、トラブル発生を防ぐ
3	文書タイトル	メールサービスの一時停止について（通知とお願い）
4	発信者	FROM：情報システム部、小山、電話：1234
5	受信者	TO：メール利用者　　CC：
6	受信者のバックグラウンド	地位・組織：全社員が対象 専門分野・出身：特定できない
7	伝達タイミング	発信日時：2週間前　　発信サイクル：
8	動機づけ要素	向上心、興味、使命感 ルール、慣習、マナー (不安感)、損得、(利便性)	・保存しない場合データが失われる ・メールユーザーのメリット
9	行動内容	・メールの利用停止 ・データの保存	

電子メールの改善文書

```
                                              2008年2月1日
メールユーザー各位
                                              情報システム部
                                              小山（内線1234）

           メールサービスの一時停止について（通知とお願い）

  メールの伝達スピードを上げるため、メールサーバーを入れ換え、処理能力の増
強を致します。
  つきましては、下記の通り移行作業に伴うメールサービスの一時停止とお願い事
項について連絡致します。
                            記
 1  メールサービスの停止日時
    ・停止日：2008年2月15日（金）
    ・停止時間：18：00～24：00（6時間）
 2  お願い事項
    ・メールに関連するファイルを編集中の場合18：00までに保存し処理を終了し
     て下さい。保存しなかった場合、変更したデータが失われる可能性がありま
     すのでご注意下さい。
                                                    以上
```

●動機づけ

文書4では、動機づけ要素としての情報は、「不安感」だけでした。改善文書では、プラス「利便性」を推測させる部分「メールの伝達スピードを上げるため、メールサーバーを入れ換え、処理能力の増強を致します。」を加えました。

人が動く動機として、「不安感」より「利便性」のほうが動きが良くなります。同様に、「興味」や「向上心」などはもっと動きが良くなると思います。

●伝達タイミング

改善文書では2週間前にしました。時間に対する感覚は、それぞれの組織で異なるものです。相手に日程を確保してもらう場合は、1カ月前、社外文書であれば2カ月前が一般的です。

3 設計図を描き、文書を書く

さて、この章のまとめとして、皆さん自身で文書を作成する演習をしてみましょう。

演習3　あなたは同級会の幹事です。恩師への感謝と同級生がお互いに近況を話し合い、励まし合うという主旨で同級会を開きたいと考えてみてください。できるだけ多くの同級生が集まるよう、皆さんご自身の同級会を想定し、次の手順で案内状を作成してください。

ただし、恩師についてはすでに開催日時をアポイント済みであるものとします。それ以外の項目については、自由に設定してください。

①場面設定

同級会に関する情報を具体的にメモする
□小学校、□中学校、□高校、□大学、□部活・サークル
□その他
・日時：　年　月　日
　　　　　時　～　時
・場所：
・会費：
・その他：同級会の進め方

②コミュニケーション仕様定義書の作成

◆コミュニケーション仕様定義書	
1 ビジネス目的	恩師への感謝とお互いの励まし合い
2 コミュニケーション目的	
3 文書タイトル	
4 発信者	FROM：
5 受信者	TO：　　　　　　　　　　CC：
6 受信者のバックグラウンド	地位・組織： 専門分野・出身：
7 伝達タイミング	発信日時：　　　　　　　発信サイクル：
8 動機づけ要素	向上心、興味、使命感
	ルール、慣習、マナー
	不安感、損得、利便性
9 行動内容	

> **作成後のチェック項目**
>
> □ビジネス目的とコミュニケーション目的を区別していますか？
> ビジネス目的は、コミュニケーション目的（文書の目的）の上位の目的として考えればわかりやすいでしょう。
> □発信日時は、相手が日程を確保できるよう配慮していますか？
> □行動内容には相手が参加するために必要な情報が入っていますか？
> □皆が参加したいと思える動機づけ要素が入っていますか？

「コミュニケーション仕様定義書」と案内状が作成できましたら、48、49ページの演習3の解答例と比較してみてください。

「コミュニケーション仕様定義書」の使い方、それをもとに文書を作成する方法が習得できましたか。

もちろん、「コミュニケーション仕様定義書」が完成しないと文書が書けない、ということはありません。特に、動機づけ要素、行動内容は文書を作成している途中で新たに発見し追加するものも出てくるものです。

案内状の書き出しは挨拶文です。巻末の「手紙の用語」を参考にしてください。

③案内状の作成

| | 年　　月　　日 |

　　　　　　　様

　　　　　　　　　　　　　　　　　　　　　　　_____

　　　　　　　_____

演習3の解答例

同級会の案内状のコミュニケーション仕様定義書

◆コミュニケーション仕様定義書		
1	ビジネス目的	恩師への感謝とお互いの励まし合い
2	コミュニケーション目的	同級会への参加要請
3	文書タイトル	クラスA同級会開催のご案内
4	発信者	FROM：クラスA同級会幹事
5	受信者	TO：クラスA同級会メンバー　CC：
6	受信者のバックグラウンド	地位・組織：クラスA同級会メンバー 専門分野・出身：
7	伝達タイミング	発信日時：実施の2カ月前　　発信サイクル：
8	動機づけ要素	⦿向上心、興味、使命感 ルール、慣習、⦿マナー 不安感、損得、利便性 ・恩師への感謝 ・皆での励まし合い
9	行動内容	・出欠の返事をする

同級会の案内状

平成20年5月2日

クラスA同級会メンバー各位

クラスA同級会幹事
代表　山田太郎

クラスA同級会開催のご案内

　若葉の美しい季節となりました。卒業して1カ月、皆様お元気でご活躍のことと存じます。

　さて、今までと異なった環境は何かと気が疲れるものです。この辺で皆集まり、一息入れようではありませんか。また、佐藤先生を囲み近況の報告をし、改めて先生への感謝の意を表したいと思います。

　つきましては、下記のとおりクラスA同級会を開催いたしますのでご出席下さい。

　尚、出欠の連絡を同封のはがきにて、5月30日までにご連絡くださるようお願いいたします。

記

1．日　　時　　平成20年7月20日（日曜日）12：00～15：00
2．会　　場　　ｘｘｘ学生会館
3．会　　費　　5,000円
4．その他　　①会費は当日幹事にお支払いください
　　　　　　　②近況と先生へのメッセージを一人3分位で述べていただきます

以上

前ページの案内状の挨拶文は、ついこの前まで顔を合わせていた場合の設定でした。しかし、小学校の同級会のように十数年ぶりの同級会の場合はどうでしょう。その場合は、拝啓／敬具が必要となるでしょう。

> ### コラム　電子メールのコミュニケーション
>
> 電子メールは、情報の伝達効率を高め仕事の効率を飛躍的に向上させています。手軽さ・スピード・経済性の面からコミュニケーション媒体として優れています。
>
> しかし、「相手に動いてもらう」という文書としての役割は変わりません。簡潔な中にも、礼儀をわきまえ、相手に失礼のない、そして行動してもらえる文書としての要件を備えている必要があります（例文1）。
>
> また、お互いに良好な関係を維持するためのマナーもわきまえたいものです。依頼のコミュニケーション、連絡のコミュニケーションなど、きめ細かなやり取りがビジネスを円滑の行なうコツです。
>
> 例えば、依頼のコミュニケーションは、「①お願いします、②わかりました、③ありがとうございます」で完結します。ところが、よく見かけるやり取りは、②以降がない、または③以降がないというものです。
>
> お願いばかりでは相手は動いてくれません。相手に快く動いてもらうコミュニケーションとは、①②③があってはじめてうまくいくのです（例文2）。

2日目 相手を動かすためには何が必要か

例文1　相手の立場に立って配慮する電子メールの書き方

タイトル
内容がわかるように書く
（通知、連絡、案内、依頼、照会、報告）

宛名
会社名、所属、役職名、氏名は正しく書く
（株）などと略さない

前文
・はじめての場合は、自分の立場を名乗る
・相手との関係により、挨拶文を入れる
　冒頭語、時候の挨拶
　相手の安否の挨拶
　感謝などの挨拶

主文
・主旨を明確に書く
・依頼事項を明確に書く
・パラグラフは1行空けて見やすくする
・詳細事項は、箇条書きにする

末文
・依頼事項などを再確認する
・冒頭後をつけた場合には結語を忘れずに
　拝啓に対する敬具など

件名：　P商品打合せ日時の件（照会）

ABC株式会社
企画課長　太田三郎　様

突然のメールで失礼いたします。私は、XYZ商事、営業部の山川伸介と申します。

昨日、弊社営業の山田が電話でご連絡致しました、P商品打合せの件、ご都合はいかがでしょうか。勝手ながら、下記の通り、日時と場所を設定させていただきました。

　つきましては、都合の良い日時を検討いただき、ご回答下さるようお願いいたします。

1．日時　9月5日（火）　15：00〜17：00
　　　　　9月6日（水）　 9：00〜11：00
　　　　　9月7日（木）　14：00〜16：00
2．場所　弊社会議室

なお、本件につきましては、山田と山川が担当させていただきます。

以上、宜しくお願いいたします。　　　山川

— 山川伸介　株式会社XYZ商事　営業部 —
〒100-0001　東京都千代田区永田町1-26
TEL 03-4567-8901
URL http://www.xyzsyouji.co.jp ─────

署名
・ビジネス上必要とする情報を簡潔に示す
（必要最小限に）

例文2　良いコミュニケーションにするための注意事項

①依頼のコミュニケーション

・お願いします→
・　←わかりました
・ありがとうございます→

②連絡のコミュニケーション

・一般の連絡
　連絡します→
　←わかりました
・社内通達
　通達の連絡→

③返事は早く
回答内容に時間がかかるようであれば、「受け取ったこと」「いつ回答をするか」を速やかに連絡する。

④送信前に読み直す
・感情的、反論、否定、拒否の内容の場合は、時間をおいて（一晩おいて）再吟味してから出す

⑤目的に合わせてメディアを選ぶ
・機密事項は手紙や口頭で
・急ぐ要件は、電話とメール併用で

社内電子メールの例

調達部主任　大川様　　　cc：経理部　篠原様

設計部の鈴木です。

先月の製品企画会議で決議されました、A製品の部品調達に関し、部品メーカの調査をお願いします。次回開発レビューの議題として取り上げる予定です。

つきましては、5月17日（木）までに、部品メーカの候補を選定の上、連絡下さるようお願い致します。

宜しくお願いします。　　以上

―設計部主任　鈴木幸一　（内線）7654―

設計部主任　鈴木様　　　cc：経理部　篠原様

了解しました。

―調達部主任　大川　浩　（内線）3023―

調達部主任　大川様

ありがとうございます。

―設計部主任　鈴木幸一　（内線）7654―

3日目
理解しやすい文書とは どんな文書か

① 誰もが知っている形はわかりやすい

❶ 「わかる」ということ

「わかる」ということは、どういうことなのでしょうか。

認知心理学では、次のように解釈しています。

「わかるとは、入力情報が、人間の情報処理系の中で適切に処理されて、頭の中に格納されている既有の知識に同化させることができたか、あるいは既有の知識をうまく調節できることである」（海保博之『こうすればわかりやすい表現になる』福村出版1988年）（注）同化とはすでにもっている知識との照合、調節とは既知識に新しい情報を関係づけること。

この定義の中の「頭の中に格納されている既有の知識」をメンタルモデルといいます。メンタルモデルとは、人がある事柄を理解するために独自に作り上げた心の中の構図（モデル）です。そして、情報が入力されると、その情報から想定される構図と、すでにもっている知識、すなわちメンタルモデル（構図）を比較し、同じ場合に「よくわかった」となるのです。

私たちは、生まれてからずっと見たこと・聞いたことを知識として蓄積しています。知識は、140億個とも1000億個ともいわれている脳細胞によって、記憶されているのです。

入ってきた情報を理解するというプロセスは、もっている知識の中から同じか、似かよった知識を脳の中から引っ張り出すことです。そして、効率よく理解させるためには、相手が知っている知識から徐々に書くことです。その重なり度合いが多くなる情報を、順序よく送り込むことが必要です。

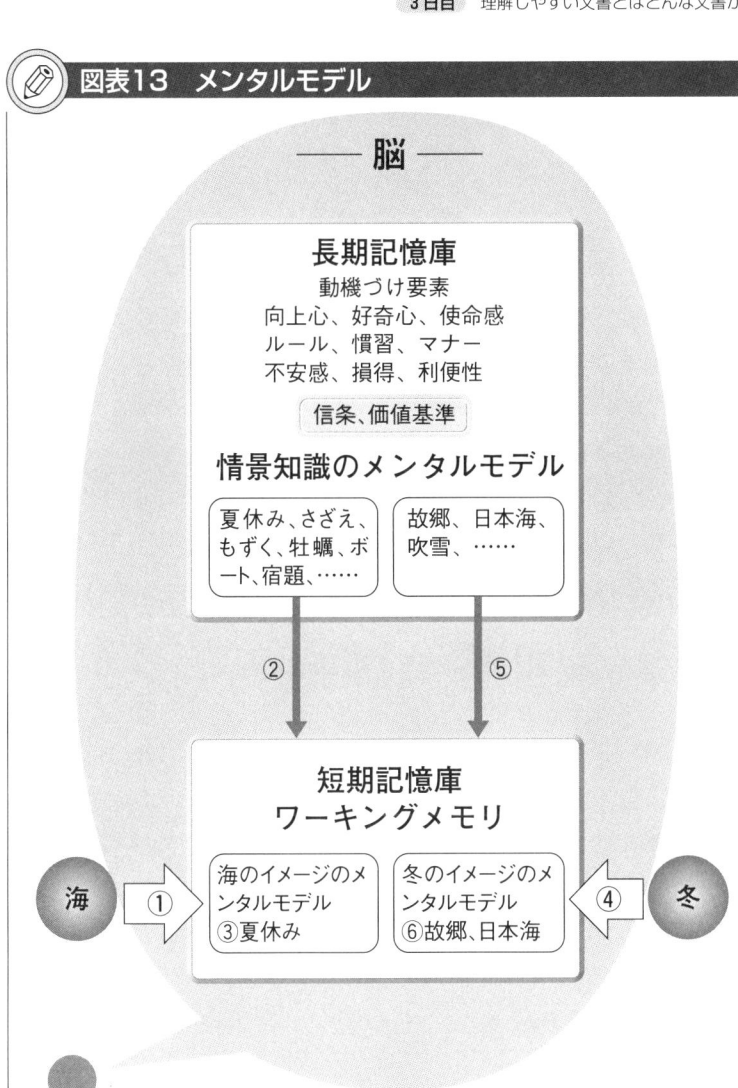

3日目 理解しやすい文書とはどんな文書か

図表13 メンタルモデル

脳

長期記憶庫
動機づけ要素
向上心、好奇心、使命感
ルール、慣習、マナー
不安感、損得、利便性

信条、価値基準

情景知識のメンタルモデル

| 夏休み、さざえ、もずく、牡蠣、ボート、宿題、…… | 故郷、日本海、吹雪、…… |

② ⑤

短期記憶庫 ワーキングメモリ

| 海のイメージのメンタルモデル ③夏休み | 冬のイメージのメンタルモデル ⑥故郷、日本海 |

海 ① ④ 冬

そうすると、問題は、相手がもっている知識がなんであるかということを知ることがポイントとなります。コミュニケーション仕様定義書では、これを6項の「受信者バックグラウンド」の欄で表現するようにしてあります。相手の知識バックグラウンドを知り、情報の重なり度合いが多いメンタルモデルを形成させることが、よくわかることの要件です。

図表13は「わかる」ことのプロセスを示したものです。
①入力情報「海」→②一致した知識を取り出す→③メンタルモデル「夏休み、さざえ、もずく、牡蠣、ボート、宿題、…」の形成。
④「冬」という情報の追加→⑤一致した情報を取り出す→⑥メンタルモデル「故郷、日本海、吹雪、…」の形成。

2 型を決めてから内容を展開する

私たちは、見たものを理解する場合、まず外見の形、色、大きさから判断をします。文書も同じです。まず文書に書かれている表題、項目の展開順で全体像が推定できます。その推定通りに内容が展開されていると、効率よく理解できるのです。

文書構造デザインとは、文書の全体像を把握してもらうため、文書の構造を決めることをいいます。依頼文書には依頼文書の型が、報告文書には報告文書の型があります。この型は、これまでに先輩たちが築き上げてくれたもので、その型であれば世の中で通用するというものです。すなわち、約束ごと（プロトコル）なのです。

文書構造デザインの手順は次の通りです。

3日目 理解しやすい文書とはどんな文書か

図表14　文書構造デザイン手順

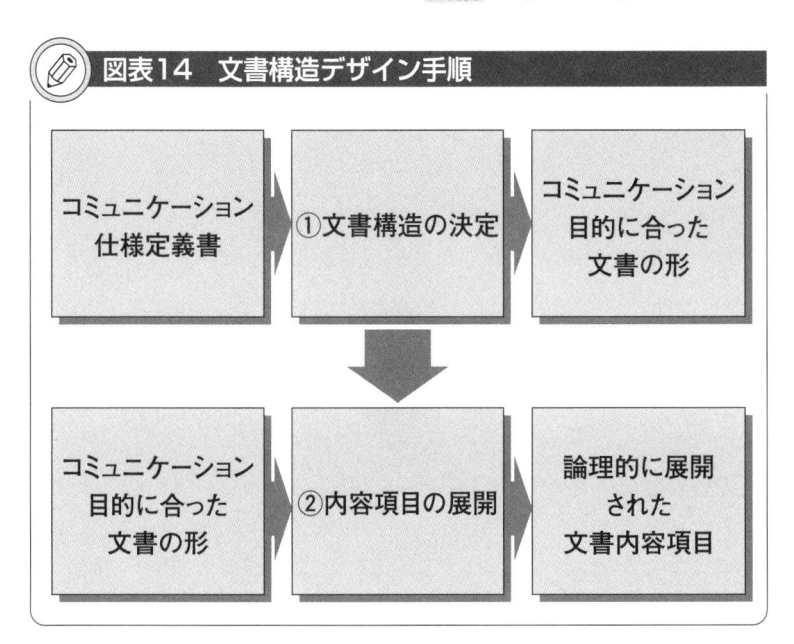

コミュニケーション仕様定義書 → ①文書構造の決定 → コミュニケーション目的に合った文書の形

コミュニケーション目的に合った文書の形 → ②内容項目の展開 → 論理的に展開された文書内容項目

◇1◇ 文書構造の決定

　コミュニケーション仕様定義書で定義したコミュニケーション目的から、提案なのか、報告なのか、社内文書なのか、社外文書なのかによってその形を決めます。

◇2◇ 内容項目の展開

　コミュニケーション目的から、相手に伝える内容項目が決まります。次に、その内容項目をどういう順序で書いたら相手に効率よく理解してもらえるかを考え、その展開順を決めます。

2 ふさわしい型にあてはめると理解しやすい

1　文書にも3つの型がある

見えるものはすべて形をもっています。その形で、ものを区別しているわけです。その形が、誰にでも同じように解釈され、約束ごととして定義されたとき、これを型といいます。例えば、製品の型名、スポーツにおける技の型、茶道のしぐさ（型）は、その分野では皆が理解している約束ごとです。

文書の型には、次の3つがあります。

①常例文システム
②枠組みシステム
③パラグラフシステム

a　常例文システム

常例文システムの文書には、住所変更届、婚姻届、出生届、家の購入契約書などがあります。私たちが社会生活を営むうえで、約束ごとを明確に表現した文書を作る場面が何度かあります。このように権利や義務が生じる場合、双方の解釈を統一させるために型があります。契約文書や法律文書などがその代表例です。

この文書の型は、あいまいな表現をなくし、解釈を統一し、必要事項のモレを防ぎ、必要ないものを盛り込まないなど、社会生活を円滑に行なううえで大切なものです。

また、申請書や届け出文書など、何度も使われる文書は、作成・処理・整理・保管の作業効率を上げ、費用を節約する効能もあ

ります。このような型の文書を常例文システムと呼びます。

文書5　常例文システム例

○○申請書

b　枠組みシステム

報告書や議事録など、書くべき内容が決まっている文書には型があります。内容は異なりますが、書くべき項目の構造が同じというものです。例えば、研究報告書の構造を文書6に示します。これは、読み手にとって理解しやすく、書き手にとって手間が省けるといった効果があります。このような型の文書を枠組みシステムと呼びます。

文書6　枠組みシステム例

①表紙:テーマ、報告者名、報告年月日

②要約:論じている範囲、目的、結論

③目次

④序論:目的、調査/研究経緯、対象

⑤本論:現状分析、問題点、解決方法、研究方法、工夫点、理論的根拠

⑥結論:結果、効果、効果の客観性、今後の課題

⑦参考文献

⑧添付資料

c　パラグラフシステム

　社交上儀礼を重んじる、お祝い状・礼状・挨拶状など、待遇を間違えると失礼にあたる文書には型があります。このような型の文書をパラグラフシステムと呼びます。

　ここでのパラグラフとは、時候の挨拶文、安否の挨拶文などの文章の区切り・かたまりをいいます。私たちが、私的にやり取りする手紙や官公庁で使われている文書（公文書）、ビジネス上使う文書の型がこれです。相手にメッセージを伝える基本的な型がパラグラフシステムなのです。

文書7　パラグラフシステム例

①冒頭語
拝啓　日毎に冬の気配が感じられるようになってまいりましたが、皆様方いかがお過ごしでしょうか。

②前文
おかげさまで、私共も元気で暮らしております。

③主文
さて、この度は息子孝弘の就職についてお骨折りを頂き有りがとうございました。お陰を持ちまして東京産業に内定いたしました。心から御礼申しあげます。
つきましては、感謝の気持ちとして当地の特産物を別便にてお送り致しました。お受け取り頂けたら幸いです。
今年の冬は、特別寒いとのことです。皆様方お風邪など召しませんよう、お体を大切にお過ごしください。まずは、御礼まで。

④末文
敬具

⑤結語

⑥後付け
平成二十年十一月十七日
河本正人　様
　　　　　　　　　　山田太郎

⑦副文
追伸
お送りした品は、できるだけお早くお召し上がりください。

3日目 理解しやすい文書とはどんな文書か

演習4 「演習3」の事例を思い出してください。同級会の案内状を出す前に、恩師に事前にスケジュールなどを了解してもらう必要がありました。そこで恩師に出す手紙を、同級会開催の主旨から考え、次の手順で作成してください。

①コミュニケーション仕様定義書を作成する（巻末資料としてワークシートを掲載していますので、それをコピーして使用してください）

②パラグラフシステム型（文書7の様式）の手紙を作成する

時候の挨拶などの用語は巻末資料「手紙の用語」を参照してください。

演習4の解答例

恩師への依頼状のコミュニケーション仕様定義書

◆コミュニケーション仕様定義書		
1	ビジネス目的	恩師への感謝とお互いに励まし合う
2	コミュニケーション目的	クラスA同級会への出席のお願い 日時等の問い合わせ
3	文書タイトル	
4	発信者	FROM：クラスA同級会幹事　山田太郎
5	受信者	TO：佐藤先生　　　　CC：
6	受信者のバックグラウンド	地位・組織：同地域、恩師 専門分野・出身：歴史の先生
7	伝達タイミング	発信日時：実施の3カ月前（案内状発行の前） 発信サイクル：
8	動機づけ要素	向上心、興味、(使命感)	・アドバイスをいただく
		ルール、慣習、マナー	
		(不安感)、損得、利便性	・各自の近況報告 （安心感）
9	行動内容	・都合の良い日の返事をする	

恩師への依頼状

　　　　クラスA同級会御出席のお願い

拝啓　陽春の候、先生いかがお過ごしでしょうか。おかげさまで、私たちは、社会人としての第一歩を踏み出すことができました。

　さて、先輩から「五月病」という言葉を聞きました。異なった生活環境と人間関係がストレスを大きくするようです。そこで皆が集まり近況の報告などをしてはという意見が出ました。是非先生にもご出席いただきたいと思います。クラスA同級会は、七月中旬に開きたいと考えています。

　つきましては、七月十三日、二十日または二十七日のいずれかの日曜日に実施したいと考えております。誠に勝手なお願いですが、先生のご都合を同封のハガキにて五月十日までにお聞かせいただきたくご連絡いたします。

　まずは、お願いかたがたご案内まで。

　　　　　　　　　　　　　　　　　　敬具

平成二十年四月十一日
　　　　　クラスA同級会幹事
　　　　　　代表　山田太郎

佐藤正人　先生

追伸
　当日は、各自近況報告をいたします。先生からのアドバイスをお願いしたいと考えております。

2　ビジネスで使う文書の基本型

　ビジネスで使う文書は、公文書が基本です。公文書とは、公の機関または公務員がその職務上作成した文書のことです。形式はＡ４判（1993年にＡ判に統一された）横書きです。

　文書８に、公文書の型を示します。①〜⑰の各項目の意味は、次の通りです。

a　前付

①文書番号（右上）：発信側の文書整理保存のための識別番号
②発信日付（右上）：契約書などでは時効、解約の証拠となる
③受信者名（左上）：この文書を責任もって対応できる宛名、名称。氏名はフルネームで書く。株式会社を（株）などと略さない
④写しの送付先（左上）：写しの送付先を明示する。受信者はこれで関連部署への連絡の有無を判断する
⑤発信者名（右上）：この文書の責任者名義とする。受信者と対等な立場の地位の名義とする

b　本文

⑥標題（左右中央）：文書内容が適切にわかることが条件。文字は本文より大きめにする
⑦頭語（左側）：挨拶の決めごと
⑧前文（頭語の後）：順に時候、先方安否、感謝、お詫びの挨拶の決めごと
⑨主文（前文の後、改行して）：一般に「さて、」ではじめる。文書用件の趣旨を示す。詳細項目は、別記とする
⑩末文（主文の後、改行して）：一般に「まずは、」「以上、」ではじめ、文を締めくくる
⑪結語（右側）：頭語との組み合わせ。挨拶の決めごと

3日目 理解しやすい文書とはどんな文書か

文書8　公文書の型

①営業20—065
②平成20年10月27日

③株式会社　日能電子
　　営業部長　高岡五郎様
④（写し　資材部　飯田三郎様）

⑤日能商事株式会社
電子部品部長　岩田一蔵

⑥ご注文商品御見積りの件

⑦拝啓　⑧秋冷の候、貴社ますますご清栄のこととお喜び申し上げます。平素は格別のご高配を賜り、厚く御礼申し上げます。

⑨さて、ご注文商品の見積を作成いたしましたので、お送りいたします。ご査収ください。

⑩今後ともよろしくお願い申し上げます。

⑪敬具

⑫記

1. 任意波形ファンクションゼネレータ　1台
2. 定価1,500,000円＋税＝1,575,000円
3. 送料20,000円

⑬3台以下の場合は送料を頂きます
⑭同封書類　平成21年度版カタログ

⑮以上

⑯担当　電子部品部　山田太郎
⑰電話　03（4567）8901

（前付／本文／付記）

⑫別記(「記」を左右中央、箇条書き):詳細項目の箇条書き

c　付記

⑬副文(別記の後、改行して):書き忘れたことなどを書く
⑭添付物(副文の後、改行して):資料、図面、写真などを「添付物」、「別添」の表示の後に書く
⑮文書の終わり(右下):後に続くものがないという意味で「以上」と書く
⑯担当者名(右下):実務担当窓口の所属、氏名を明示する
⑰連絡先(右下):電話番号、メールアドレスなどを表記する

演習5　文書9の「講師依頼書」から、次の項目を推定して該当すると思われる文章にアンダーラインを引いてください。
①コミュニケーション目的
②動機づけ要素

ワンポイントアドバイス

ビジネス文書の原則は、行間を読まないということです。相手に伝えたいことは、書いて明示してください。書かないで相手に察してもらおうとするのではなく、明確に書くことです。また、書いてないことを勝手に「こうだろう」と想像する必要もありません。コミュニケーション目的や動機づけの情報が文書に明示されていることが、ビジネス文書には必要なのです。

文書9　講師依頼書

2008-10
2008年9月22日

株式会社　日能電子
社長　高田　俊彦　様

日能大学生涯教育センター
　所長　村井　晃一郎

講師の出講について（依頼）

拝啓　時下益々ご清栄のこととお慶び申し上げます。
　この度、当センターは2009年度から「オープンカレッジ」を開設することになりました。これは、一般者向けの生涯教育の場として社会に貢献する目的を持っております。
　つきましては、日本語による文章作成に関し貴社の山田太郎様に下記の要領にてご講義いただきたいと思います。
　何卒よろしくご高配たまわりますよう、お願い申し上げます。

敬具

記

1. 講　座　名：「ロジカル・ライティング」
2. 期　　　間：2009年度4月から1年間

　このほか、実施時間帯・テキスト・講師謝礼等詳細事項につきましては、別途打合せさせていただきます。

以上

（担当：奥田　TEL（03）3200-1232）

演習5の解答例

講師依頼書の目的と動機づけ要素

H20生涯教第100号
平成20年9月22日

株式会社　日能電子
社長　高田　俊彦　様

日能大学生涯教育センター
所長　村井　晃一郎

講師の出講について（依頼）

（動機づけ）

拝啓　時下益々ご清栄のこととお慶び申し上げます。
　この度、当センターは平成21年度から「オープンカレッジ」を開設することになりました。これは、<u>一般者向けの生涯教育の場として社会に貢献する目的</u>を持っております。
　つきましては、<u>日本語による文章作成に関し貴社の山田太郎様に下記の要領にてご講義いただきたい</u>と思います。
　何卒よろしくご高配たまわりますよう、お願い申し上げます。

敬具

（コミュニケーション目的）

---

①コミュニケーション目的

　日本語による文章作成講座の講師として山田太郎を派遣してもらうことの依頼。

②動機づけ要素

　社長に対する動機づけ要素は、組織としての損得（費用対効果、宣伝効果、本人育成効果など）、公共のために奉仕するという使命感など。

3 文書内容はどんな順番で展開する?

1 一文書1テーマの原則

一問一答という言葉があります。会議の中で質疑応答を一件ずつ行なうやり方です。その目的は、質問内容を明確にし、間違いをなくすことです。文書も同様に一文書1テーマの原則で作成します。その理由は、わかりやすく間違いが少ないからです。特にビジネス上の取引に関することは、一文書1テーマが原則です。

2 4分割法と3分割法

分割するということは、ものごとを区別し特徴をはっきりさせることです。表現上の効果は、同質のかたまりに分け焦点を合わせることにより、わかりやすくなることです。文書の分け方には、4分割法と3分割法があります。

a　4分割法

ものごとの展開を説明する場合に、1番よく引き合いに出されるのが4分割法です。4分割と呼ぶより、起承転結と呼んだほうがわかりやすいと思います。起承転結は、漢詩の句の並べ方で4分割法の代表です。この形式の約束ごとは、次の通りです。

- 起句：まず内容を説き起こし
- 承句：その内容を受けさらに進めて述べ
- 転句：視点を変えそれまでとは異なる面から述べ
- 結句：全体をまとめて述べる

起承転結の各句をビジネス文書にあてはめると、次のような展開となります。

①事実に対する意見を述べる
②意見が正しいことを論証する
③自分の意見とは異なる意見を挙げて、自論の優位性を他者と較べるなどして論ずる
④まとめを述べる

b　3分割法
　3分割の代表として古来雅楽の管絃・舞楽の曲で典型的構成とされる、序・破・急があります。序、破、急と呼ぶ3つの楽章をこの順に展開する構成法です。

①緩やかで拍子がない序（冒頭楽章）
②緩やかながら拍子のある破（中間楽章）
③急速な拍子の急（終楽章）

　ビジネス文書の展開例としては、次のような構成があります。

●「はじめ→中→終わり」
●「序論→本論→結論」

　3分割法の特徴は、「転」がないことです。すなわち「起承結」の展開となり、単純・明快となります。特に、報告文書などは、簡潔性が要求されますので、3分割法の構造となります。
　文書の種類（提案文書、報告文書）ごとの分割法については、

5日目以後に説明します。

3 理解しやすい展開の基本

記憶の仕方には、「意味記憶」と「エピソード記憶」があるといわれています。意味記憶とは、言葉の意味を辞書のように、言葉と意味を1対1対応で記憶していると思われます。

エピソード記憶とは、一連の関連する出来事や考え方を多くの関連する情報をつなげて記憶しているのでしょう。故郷の山や川、はじめて見た外国の風景、五重の塔の構造、抽象化した概念など、とにかく多くの情報を組み合わせ、自分なりに作った形で記憶しています。先ほどは、これをメンタルモデルといいました。

これら記憶されている構造は、理解する構造と同じことになるのです。私たちがもっている記憶構造と似た構造で情報を提示することが、わかりやすさの秘訣なのです。

しかし、相手の人の脳の中はわかりません。どうしたらいいでしょう。心配はいりません。同じ言語で、同じ文化の中で育ってきた私たちは、多くの共通の知識を同じように蓄えているのです。

誰もが理解できる項目の展開順を図表15に示します。

図表15　説明項目の展開順序

種　類	表現目的・対象	表現方法
①時間的順序	自然現象 生活の営み 手順（プロセス）	過去・現在・未来、原因・結果、成長、ライフサイクル、商品サイクル
②空間的順序	物理的構造物 （建造物、ハードウェア） 論理的構造物 （概念、組織）	全体から部分、上から下・左から右・手前から奥
③重要度による順序	誰もが納得する価値・緊急度による順序	価値・関心・緊急度の高いものから低いものへ
④既知から未知への順序	理解効率を上げるための展開順序 （メンタルモデル形成効率を上げるため）	既知から未知へ
⑤一般から例外への順序	学習効率を上げるための展開順序（知識の形成・記憶、安心感）	一般・主要項目から例外項目へ

まず、次の3つの展開順があります。

◇1◇ 時間的順序

地球の変化、動植物の進化などの自然現象や人の一生は時間軸に沿って展開するとわかりやすくなります。また、仕事の手順など、順序性のある事柄も同様に時間的順序で展開すれば、読む側としても違和感なく受け入れられます。

◇2◇ 空間的順序

家までの道順や建造物の構造など2次元、3次元の形をもつものは、空間軸に沿って展開するとわかりやすくなります。説明の順序としては、全体から部分、上から下・左から右・手前から奥の順に説明すると違和感なく受け入れられます。

また、組織構造や考え方・概念なども私たちが理解するうえで、あるイメージ（論理構造）を作りますから、同じ様に空間的順序で説明します。

◇3◇ 重要度による順序

表彰する場合や紹介する場合、1位もしくは目上の人から行なうのが自然です。誰もが納得する順番に展開するとわかりやすくなります。

次に、私たちの学習効果という観点からの展開順があります。

◇4◇ 既知から未知への順序

知っていることから知らないことに順に展開すると、理解しようとついてきてくれるものです。ですから、相手のもっている知

識の状況を知り、どこから切り出すかを決めることが大事です。コミュニケーション仕様定義書の受信者のバックグラウンドという項目がこれを表しています。

◇5◇ 一般から例外への順序

　私たちは、本質的なことや全体像を知ると安心するものです。安心感がその次の学習を促すのです。パソコンの操作でも、まず基本操作である「立ち上げ・文書作成・修正・格納・終了」がマスターできると、一安心します。そして、より高度な操作にチャレンジするものです。
　マニュアルの展開は基本的に、このパターンになります。

4日目
文章を読みやすく、わかりやすくする方法

1 文章を作成する手順を知る

わかりやすい文書を作成するためにはどうすればよいのか？

本書では、この問いに答えるために、文書を形と文章に分けて解説しています。前章の3日目では、わかりやすさの型について考え、文書の形を決めてきました。この章では、言葉という約束ごとの中で、文字によりわかりやすく表現する方法を説明します。

1 文書と文章と文の違い

コミュニケーションのために、やり取りする物理的な単位が文書です。文書は、ある目的を達成するために必要な情報を、型と文章で表現したものです。図表16は文書の構成要素です。文書と文章と文は表記が似ていますが意味はまったく違います。ここで確認しておいてください。

- 文書：1つのテーマについて表現したものであり、物理的にも他と区別される単位である
- 文章：文書の中に言語によって表現された文の集まり
- パラグラフ：テーマを相手に理解できるように分けて書いた文の集まり。ある事柄を表現するうえで、考えをまとめた内容のひとかたまりで、読む側からもわかりやすいかたまりである
- 文：形のうえで完結した1つの意味をなす言語表現単位であり、主語、述語、目的語から成る
- 用語：文法上の機能を有する言語の最小単位

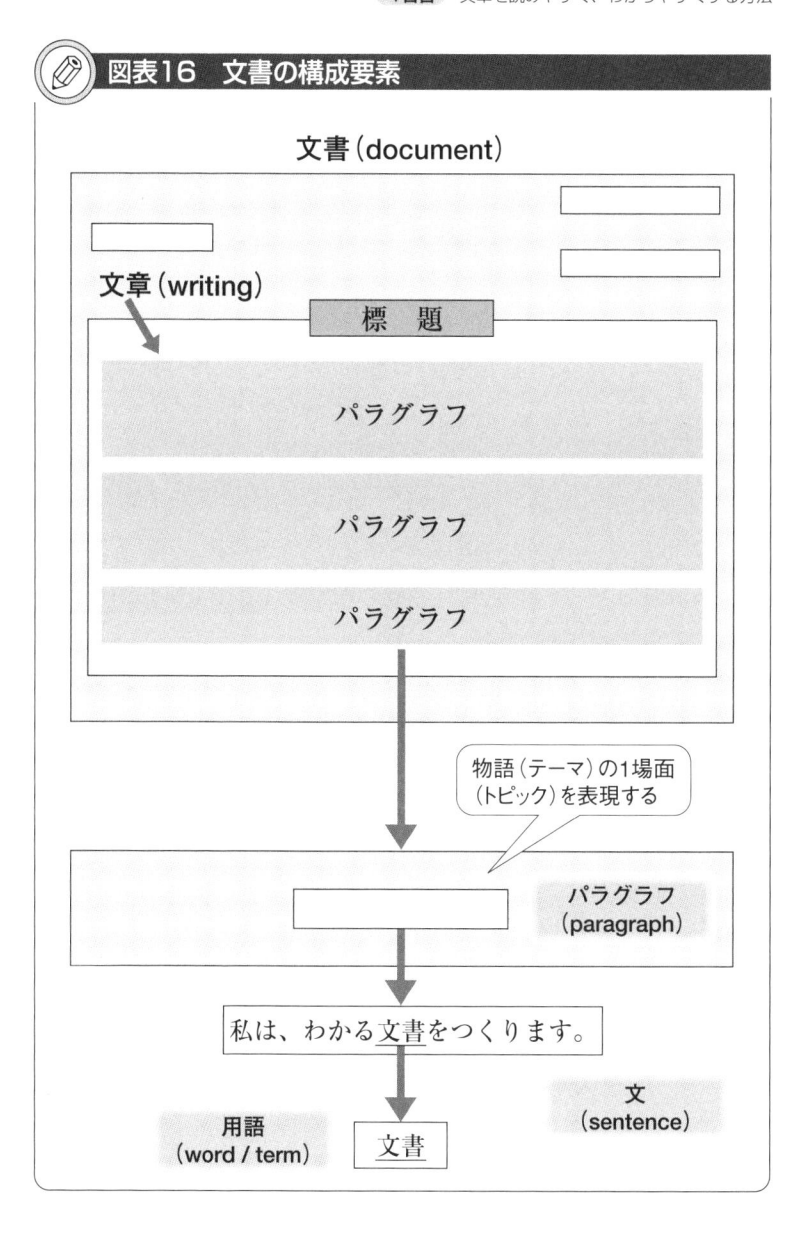

4日目　文章を読みやすく、わかりやすくする方法

図表16　文書の構成要素

文書（document）

文章（writing）

標　題

パラグラフ

パラグラフ

パラグラフ

物語（テーマ）の1場面（トピック）を表現する

**パラグラフ
（paragraph）**

私は、わかる文書をつくります。

**文
（sentence）**

**用語
（word / term）**

文書

2 テーマ→トピック→パラグラフ→文章

文章の具体的な作成手順を図表17に示します。

図表17 文章の作成手順

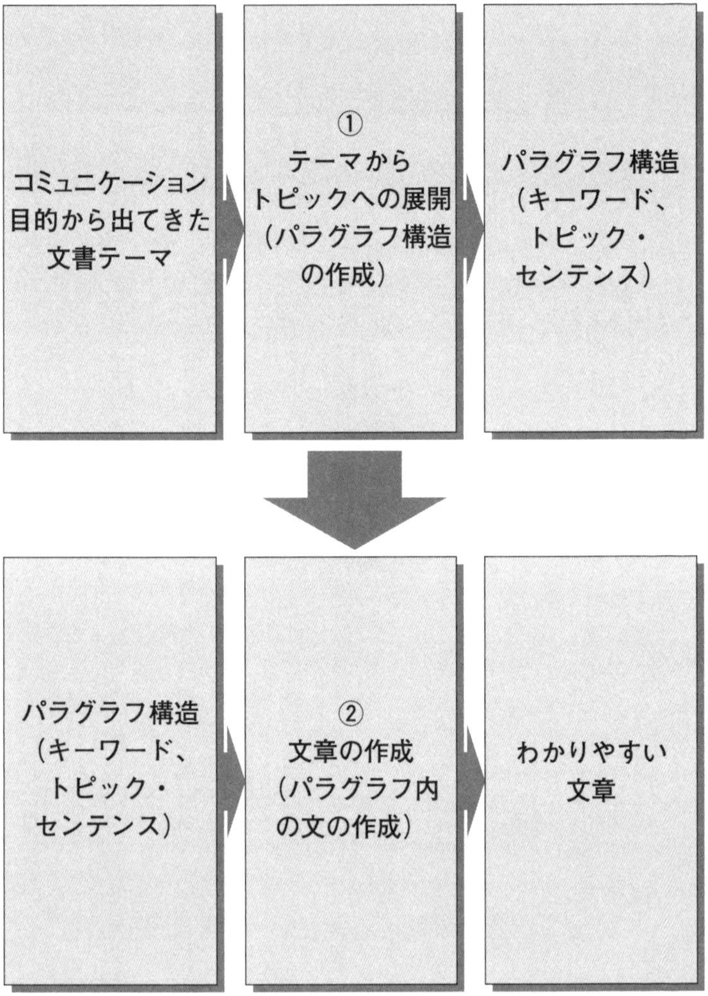

コミュニケーション目的から出てきた文書テーマ
→ ① テーマからトピックへの展開（パラグラフ構造の作成）
→ パラグラフ構造（キーワード、トピック・センテンス）
→ パラグラフ構造（キーワード、トピック・センテンス）
→ ② 文章の作成（パラグラフ内の文の作成）
→ わかりやすい文章

◇1◇ テーマからトピックへの展開

まずテーマを、相手が理解できるいくつかのトピックに分けます。

テーマが1つの物語とすれば、トピックはその中の1場面に相当します。トピックを展開する順序については、図表15（72ページ）で示したように、いくつかのパターンがあります。テーマに合った展開順序を選んでください。

◇2◇ 文章の作成

次にパラグラフをいくつかの文に展開します。文のわかりやすさは、キーワードの配列の論理性、適切な用語の使用、それに文法にかなっていることから生まれます。

コラム　章立て

テーマをトピックへ展開したものを章立てといいます。文書の論理構造は、章の構成をみればわかります。本書は「わかりやすく書く技術」というテーマを7つの章に分けて解説しています。この章立てが理解してもらう筋書き（ロジック）を表しています。

目次は、まず章立てで全体像を理解してもらうためにあるのです。

2 パラグラフの構造をまず決める

1 パラグラフを3つに分解する

　パラグラフは、書き手の考えを整理し表現する単位（かたまり）であり、思考の単位です。パラグラフは、見たときにもはっきりわかるように、新しい行から1文字下げて（字下げ）書きます。いくつかの具体的な例をもとにパラグラフ構造を考えてみましょう。

　文書10は、昔話「桃太郎」の最初の部分です。

文書10　桃太郎

　むかしむかし、あるところに、お爺さんとお婆さんが住んでいました。ある日、お爺さんは山へ柴刈りに、お婆さんは川へ洗濯に行きました。お婆さんが川で洗濯をしていると、川上から大きな桃がドンブラコッコ、ドンブラコッコと流れてきました。お婆さんは、その桃を拾い上げて、家に持って帰りました。お爺さんが戻ってきたらいっしょに食べようと思って、大事にしまっておきました。その晩、お爺さんと二人で桃を割ろうとしたら、桃はパックリとひとりでに割れて、中から丸々としたかわいい男の子が飛び出してきました。お爺さんもお婆さんも大喜びして、桃太郎と名づけて大事に育てました。

4日目 文章を読みやすく、わかりやすくする方法

　この文章は、図表15で示した時間的順序の展開例です。以降パラグラフ構造を決定づける文について説明します。

a　書き出し文

　「むかしむかし、あるところに、お爺さんとお婆さんが住んでいました。」は、この物語の時代、場所、登場人物を限定しています。読者にある場面を想定させる働きをもっています。これらの情報が入ると、私たちの脳にはある風景が浮かび、お爺さんとお婆さんが登場します。すなわち、この書き出し文がメンタルモデル形成のきっかけとなる情報を示しているわけです。メンタルモデルが形成しやすいか否かが、理解しやすいか否かを決定づけるのです。

　具体的には、次のような役割をもっています。文書10の場合、トピック（時、場所、登場人物）を限定する役割をもっています。

- トピック（話題）を限定する
- パラグラフの機能、位置づけを示す
- 読者の注意を引きつける

b　展開文

　書き出し文に続く「ある日、お爺さんは山へ柴刈りに、（中略）中から丸々としたかわいい男の子が飛び出してきました。」の5つの文は、展開文と呼び、書き出し文で述べたことを、さらに展開する文です。この場合、桃太郎が誕生するまでの時間的な出来事を順に説明しています。

　展開文は、その役割から次のような内容になります。

- ●時間的順序関係を指摘し説明する
- ●例証を挙げ説明する
- ●事実関係を指摘し説明する
- ●因果関係を説明する
- ●目的から手段への関係を分析し説明する
- ●書き出し文の内容をいい換えて説明する

c　締めくくり文

　最後の文「お爺さんもお婆さんも大喜びして、桃太郎と名づけて大事に育てました。」は、このパラグラフを桃太郎の誕生というトピックとして完結しています。この文を、締めくくり文と呼びます。そのパラグラフの結論を示しています。

2　文のつなぎ方でわかりやすさが変わる

　書き出し文に続く文の展開について考えてみましょう。「桃太郎」の第1パラグラフの7つの文が、どのようなつなぎ方になっているか分析してみましょう。次に示す①〜⑦の文は、先ほどの「桃太郎」のパラグラフを一文ずつ分けたものです。前の文と次の文に共通する用語にアンダーラインを引いています。

①むかしむかし、あるところに、お爺さんとお婆さんが住んでいました。
②ある日、お爺さんは山へ柴刈りに、お婆さんは川へ洗濯に行きました。
③お婆さんが川で洗濯をしていると、川上から大きな桃がドンブラコッコ、ドンブラコッコと流れてきました。
④お婆さんは、その桃を拾い上げて、家に持って帰りました。

⑤お爺さんが戻ってきたらいっしょに食べようと思って、大事にしまっておきました。
⑥その晩、お爺さんと二人で桃を割ろうとしたら、桃はパックリとひとりでに割れて、中から丸々としたかわいい男の子が飛び出してきました。
⑦お爺さんもお婆さんも大喜びして、桃太郎と名づけて大事に育てました。

このように、前の文で述べた項目を次の文で展開していくつなぎ方は、メンタルモデルの重なり合う部分が連鎖し、「わかる」というメカニズムに合致した展開方法です。さらに、新しく出てきた語（　　　）を追えば、話のストーリーがわかります。
　また、次のことも理解を助けています。

●場面がはじめての場合には主体に「が」を、場面が既知の場合には主体に「は」を使っている
●お爺さんとお婆さんの登場する順番が統一されている

　文①では、「お爺さんとお婆さんが」、文②では「お爺さんは」「お婆さんは」となっています。文③で「お婆さんが」とすることで場面が変わったことを読み手に意識させているのです。
　また、お爺さんとお婆さんの登場する順番が常に同じであることで、文②⑦を読んだ際に、文①の記憶通りで違和感なく理解できるのです。
　次の文書11は、桃の節句、雛壇（ひなだん）の飾り付けについて説明したパラグラフです。

文書11　雛壇

　雛壇は、三段、五段、七段といった縁起のよい奇数にするのがならわしです。七段に飾る場合は、最上段に金屏風を立て、向かって左に親王（男びな）、右に内親王（女びな）の内裏びなを並べ、その間に一対の瓶子を置き、両側にぼんぼりを飾ります。そして二段目には三人官女、三段目には五人ばやし、四段目は膳部を中心にして左右に随臣、五段目は仕丁を中心にして両側に橘と桜。六段目には嫁入り道具を飾り、最下段にはかごや御所車を飾ります。

　文書11では、雛壇の構造を上から下へ、左から右へと説明しています。この、「上から下、左から右」という展開順が約束ごとなのです。書き出し文によって、雛壇飾りの３つの例が示され、メンタルモデルが形成されやすくなっています。さらに、全体から細部へと展開されており、図表15（72ページ）で説明した空間的順序による展開の例です。

　次の文書12は、交通事故を起こしたときの処置について述べたパラグラフです。説明順は、身の安全をはかるという観点から、取るべき行動と順序を指示しています。すなわち、身の安全をはかるという基準に基づき、緊急度の高いものから順に展開した事例です。書き出し文によって、運転者や乗務員の取るべき処置が次に述べられるという心の準備ができるのです。

文書12　交通事故の処置

　<u>交通事故が起きたときは、運転者や乗務員は次のような措置を取らなければなりません。</u>

①事故の続発を防ぐため、他の交通の妨げにならないような安全な場所（路肩、空き地など）に車を移動させ、エンジンをきる。

②負傷者がいる場合は、医師、救急車などが到着するまでの間、ガーゼや清潔なハンカチで止血するなど、可能な応急処置を行う。この場合、むやみに負傷者を動かさないようにする。ただし、後続事故のおそれがある場合は、早く負傷者を救出して安全な場所に移動させる。

③事故が発生した場所、負傷者数や負傷の程度、物の損壊の程度、事故にあった車の積載物などを警察官に報告し、指示を受ける。

（警察庁交通局監修『交通の教則』全日本交通安全協会　平成11年）

3 パラグラフのつなぎ方

a　パラグラフの直列つなぎ

テーマをいくつかのトピック（パラグラフ）に展開する場合、その内容が、時系列な順序性をもっている場合は、パラグラフの順を直列に配列します。

「桃太郎」の物語は、図表18に示すように、桃太郎の誕生、桃太郎の成長、鬼退治と直列につながっています。

直列展開の特徴は、結末への期待感、緊張感を持続させることができることです。推理小説、伝記、昔話などは、この特徴を生かしたものが多くあります。図表15（72ページ）で示した、時間的順序の表現対象を説明する場合、直列つなぎにします。

一方、ビジネス文書においてなかなか結論が出てこない長い文書は、逆に不安感やいらいら感を生じさせます。したがって、ビジネス文書では、結論を先に述べる方法をとります。

b　パラグラフの並列つなぎ

テーマ内の各トピックが論理的に同レベルの場合は、全体像を示すパラグラフを最初に置き、その後ろに各パラグラフを並列に配列します。

並列展開の特徴は、最初に全体が把握できるため、後に続く各パラグラフの内容を目的をもって読める（聞ける）ため、理解しやすくなる点です。おそらく、全体像がわかっていますから、脳にあらかじめ記憶する場所を確保し、記憶をスムーズにしてゆくのだと思います。

仕事の指示、依頼、スピーチなど、同レベルの内容をいくつか述べる場合には、並列つなぎで表現すると相手にわかりやすく伝わります。

4日目 文章を読みやすく、わかりやすくする方法

図表18　パラグラフのつなぎ方

直列つなぎ

むかしむかし、あるところに、お爺さんとお婆さんが住んでいました。
◆「桃太郎の誕生」のパラグラフ

↓

桃太郎は、立派な青年に……
◆「桃太郎の成長」のパラグラフ

↓

その頃鬼が島では、鬼が暴れて……
◆「鬼退治」のパラグラフ

並列つなぎ

私は、皆様に3つのお願いがあります。
◆テーマ全体を示すパラグラフ

1つ目のお願いは、挨拶をきちんとして欲しい……
◆「1つ目のお願い」のパラグラフ

2つ目のお願いは、お客様に何ができるか考えて欲しい……
◆「2つ目のお願い」のパラグラフ

3つ目のお願いは、常に自分を磨いて欲しい……
◆「3つ目のお願い」のパラグラフ

演習6 「私の役割」というテーマで、皆さん自身の役割について文書を作成してみましょう。

まずは、私自身のケースを題材にしてテーマ設定から文章作成までのプロセスを示します。皆さんも順を追って疑似体験し、その後、文書を作成してください。

ステップ1　テーマとトピックを設定する

①どこにおける役割を述べるか

　ここでは、「家庭における私の役割」をテーマとします。

②どんな役割があるか

テーマ	トピック
「家庭における私の役割」	家長としての役割
	夫としての役割
	父親としての役割

　私はトピックとして3つの役割を決めました。

ステップ2　コミュニケーション仕様定義書を作成する

　コミュニケーション仕様定義書に記入します。私の場合は、文書13のようになりました。皆さんが演習する場合には、テーマを「職場における私の役割」とし、受信者は自分の組織の長にしたほうが、書く内容がはっきりすると思います。

4日目 文章を読みやすく、わかりやすくする方法

文書13 私の役割のコミュニケーション仕様定義書

◆コミュニケーション仕様定義書	
1	ビジネス目的	**自分の役割を再認識し、自己向上を図る**
2	コミュニケーション目的	**自分の役割を認識してもらい、自己向上のためのアドバイスをもらう**
3	文書タイトル	**家庭における私の役割**
4	発信者	FROM：**山﨑政志**
5	受信者	TO：**家族**　　　　　CC：
6	受信者のバックグラウンド	地位・組織：**家族** 専門分野・出身：
7	伝達タイミング	発信日時：**2008.4.10**　発信サイクル：
8	動機づけ要素	向上心、⦅興味⦆⦅使命感⦆ ・**自己向上を図る** ・**家族の意見を問う** ルール、慣習、マナー 不安感、損得、利便性
9	行動内容	**発信者の役割を認識し、アドバイスをする**

ステップ3　テーマをパラグラフへ展開する

　私はテーマを3つのトピックに展開します。そのためには、内容の発想が必要です。発想するために、役割として何のために（目的）、何をしているか（機能）、思いついた言葉（キーワード）をどんどん書き留めます。

　ちなみに、文書14の「章立て」の中で、②③④はステップ1から出てくるもので、①と⑤は、ステップ2のコミュニケーション目的と受信者から出てくるものです。

文書14　テーマからパラグラフ構造への展開シート

章立て	キーワード／ストーリー	書き出し文
①導入	文書の主旨、目的	この文書は、私の家庭での役割について書いたものです。
②家長としての役割	収入確保と経済基盤、家族の健康、家の安全、対外的な関係維持	家長の役割の一番重要なことは、収入を確保し家庭の経済基盤を維持していくことです。
③夫としての役割	パートナーシップ、健康、喜びの共有、家事の分担	結婚して30年、お互いに支え合って家庭を築くことができたと感謝しています。
④父親としての役割	子の成長を支援、人間としての生き方、エンジニアとしての生き方	父親としてどんな役割を果たしてきたのかよくわからないというのが実感です。
⑤締めくくり	今後どうする、家族へのお願い再掲	以上、私の役割について述べてきました。

構造化
（理解につながる）

ストーリー化
（納得・説得につながる）

文章化
（正確に伝えることにつながる）

文書を書く作業の中で、このテーマをパラグラフに展開する部分が一番難しいところなのです。
・「構造化」とは、表現する情報を構造化することであり、理解につながる作業です。
・「ストーリー化」とは、パラグラフ内でストーリーを展開することであり、納得・説得につがなる作業です。
・「文章化」とは、書き出し文によってメンタルモデルを形成し、正確に伝えることにつながる作業です。

　各トピックのキーワードの発想ができたら、その展開を考えます。一番大事な文が書き出し文です。それをまず考えて、書き出し文欄に書いてみます。

　この段階で、すらすらと文が出てくるものではありませんが、一通り全体の流れを考えておくことが大事です。文にならなくてもいいですから、どんなキーワードを登場させるかぐらいは、決めておくと良いでしょう。

ステップ4　文章を作成する

　最終的に、文章にしたものを文書15に示します。②③④のパラグラフには、タイトルをつけて明確にしました。

　さあ、それでは皆さん自身の「私の役割」を書いてみましょう。

文書15　私の役割

2008年4月10日

家族の皆様

山﨑政志

家庭における私の役割

　この文書は、私の家庭での役割について書いたものです。目的は、私自身の役割を再認識し、改善するきっかけとするためです。私が果たしていると認識していることと、家族の皆さんから見た違いもあると思います。遠慮なく意見をいただきたいと思います。

1．家長としての役割

　　私の一番重要な役割は、家族の健康と経済基盤を維持していくことだと認識しています。なかでも、生活の糧、収入の確保が大事です。会社を退職後、起業し教育事業を立ち上げました。今年で3年目、ようやく当初計画の売上が確保できました。皆さんの協力の結果であると感謝しております。しかし、今後同じサービス内容で顧客の満足度を維持することは難しいと予想されます。このため、毎年新しい教育講座を1つ開発して教育メニューの強化を図りたいと考えています。

2．夫としての役割

　　結婚して30年、お互いに支え合って家庭を築くことができたと感謝しています。……

3．父親としての役割

　　父親としてどんな役割を果たしてきたのかよくわからないというのが実感です。……

以上、私の役割について述べてきました。さらに、役割のレベルアップを図りたいと考えています。皆さんのご協力とアドバイスをいただけたらと思います。

以上

4 テーマ選定から文章作成までの手順

文書作成の中で一番大切なことは、「何のために、誰に何をやってもらうか、そのためにはどんな情報を、どんな構造で伝えるか」ということです。

そのためには、これまで解説してきた手順で文章を作成することが有効です。その手順は次の通りです。

①ビジネス目的を決める
②コミュニケーション目的を決める
③コミュニケーション仕様定義書を作成する
④文書テーマを決める
⑤テーマからトピック(パラグラフ構造)に展開する
⑥文章を作成する

> コラム　発想とキーワード
>
> 発想とキーワードについて考えてみましょう。私たちがものごとを発想する際には断片的に発想し、単語で発想します。いきなり文が思い浮かぶというものではありません。
>
> 松尾芭蕉は、「五月雨を　あつめて早し　最上川」と詠みました。与謝蕪村は、「五月雨や　大河を前に　家二軒」と詠んだのです。
>
> 目にした情景、雨、川の流れ、などから、キーワードを発想し、俳句という5・7・5の規則にのっとり、それぞれの句ができたのではないでしょうか。「発想はキーワード、論理化は文」そのように考えられます。

3 1つ1つの文をわかりやすくする

1 わかりやすい文の構造とは？

わかりにくい文とは、どういう文でしょうか。
多くの文を分析してみると、わかりにくい文には、次の2つのパターンがあるようです。

①文が長い
②主語と述語の距離が長い

a 文は短く

わかりやすさと文の長さには関係があります。文書16を見てください。おそらく、1回読んだだけでは、理解できないと思います。これは、著作権法という法律です。法令特有の文で、いろいろなことをすべて一文で述べているからわかりにくいのです。

文書16 著作権法

> 著作権の目的となっている著作物は、個人的又は家庭内その他これに準ずる限られた範囲内において使用することを目的とする場合には、公衆の使用に供することを目的として設置されている自動複製機器（複製の機能を有し、これに関する装置の全部又は主要な部分が自動化されている機器をいう。）を用いて複製する時を除き、その使用する者が複製することができる。
>
> （旧著作権法第30条）

それでは、この文をわかりやすくするには、どうしたらよいでしょう？

わかりやすくするためには、文を分け、一文で1つのことを表現するようにすることです。改善例を、文書17に示します。

文書17　著作権法の文改善後

　他人の著作物を個人的に使う場合には、その使用する者が複製することができる。但し、公衆の使用に供することを目的として設置されている自動複製機器による複製を除く。

b　主語と述語の距離を短く

次に、文の構造について考えてみましょう。

日本語の文の構造は、主語・目的語・述語という構造になっています。この構造の特徴は、動詞が一番後にくることです。主体の動作（動詞）を知らない状態で目的語など多くの情報が出てきて、それらを覚えていないと文の意味がわからなくなってしまいます。文は、動詞が出てはじめて解釈できるのです。

例えば、次の2つの文を読み比べてください。

●あなたは、パイナップル、りんご、梨、メロン、柿、イチゴ、すいか、みかん、グレープフルーツ、桃の中で一番好きな果物は、何ですか。

◎次の中から、あなたが好きな果物を挙げてください。パイナップル、りんご、梨、メロン、柿、イチゴ、すいか、みかん、グレープフルーツ、桃。

文の中では、主体の動作が一番大事です。ですから、できるだけ主語と述語が近いほうがわかりやすいのです。また、ある目的（主体の動作）を知ってから聞く（読む）ほうが、わかりやすくなります。

◇**主語と述語は近くに置く**
　●山頂へは、天候が回復しない限り、行きません。
　◎天候が回復しない限り、山頂へは行きません。

◇**修飾語は修飾する語の直前に置くことを原則とする**
　●黒い箱の上の子猫（箱が黒いと解釈する）
　●箱の上の黒い子猫（子猫が黒いと解釈する）

◇**入れ子にしない**
　●社長は、経理部長が情報システム部長のパソコン導入提案について合意した件を認可した。
　◎情報システム部長が提案したパソコン導入の件は、経理部長が合意し、社長が認可した。

　わかりやすい文を作るために、次のことを習慣化してください。

①書いた後、読み直してわかりにくい文は分割する
②主語と述語を近くする
③修飾語は、被修飾語の直前に置く
④入れ子構造にしない

2　文の牽引役は動詞

　それでは次に、文の訴える力について考えてみたいと思います。文を引っ張っているのは動詞です。動詞を力強く表現している文が、読者に訴える力が大きいのです。

逆に動詞の表現を弱めるのは、受動態と否定形です。この２つは使う際に注意が必要です。

a　受動態の使い方
　受動態の文は、動作主体が曖昧(あいまい)になり、伝達力が弱くなります。

●この問題は、政府によって解決されるでしょう。
◎この問題は、政府が解決します。

　人や組織が主語の場合、能動態のほうが行動を力強く訴えます。しかし、受動態にしたほうが表現に違和感がない場合があります。

●部品Ａが、この機能を実現する。
◎この機能は、部品Ａによって実現される。

　受動態は、情報を伝えることに力点が置かれており、モノを主体としたときに有効です。また、次のように、客観的な表現にする場合にも、受動態が使われます。

◎論文は、ある事柄について理論的に筋道を立てて書かれた文章をいう。（主体の一般化）

b　否定形の使い方
　否定形の文は、消極的、後ろ向きの感じを与えやすく、また、暗いマイナスの印象も与えやすいといえます。

●この機能は、ユーザIDを登録しないとご利用できません。
◎この機能は、ユーザIDを登録してお使いください。

二重否定は曖昧になります。

- 指示がない限り、スイッチに触ってはいけません。
- 「機密モード」で登録された電話帳は、「機密モード」にしない限り表示されません。

c　文体

「である調」とか「です・ます調」とかいわれている、文の終わり方を文体といいます。文体には、「通常体」と「敬語体」があります。それぞれの、使い分けは次の通りです。

- 通常体：「〜だ。」話し言葉やエッセイでよく使われる
  「〜である。」学術論文や報告書でよく使われる
- 敬語体：「〜です。」「〜ます。」提案書やマニュアルでよく使われる
  「〜であります。」講演などでよく使われる

どれを使うかは、文書の種類と受信者によって決まります。しかし、1つの文書では、統一しておいたほうがよいでしょう。

ちなみに、本書は、「です・ます調」、敬語体で書いています。

④ 的確な用語を使う方法

　適材適所という言葉がありますが、用語も同じです。文章も的確な用語を使って書くと相手に正確に伝わり、よくわかる文章になります。

1　意味があやふやな用語は使わない

　用語は、文脈の意味に合ったものを使うようにしてください。不確かな場合には、必ず用語辞書を引いて確認することが大切です。

- 「規格に合った」と「規格に有った」
- 「技術者が居る」と「技術者が要る」

●在宅パートタイムシステムは、仕事を依頼する側にとっても副作用として良い影響がある。
◎在宅パートタイムシステムは、仕事を依頼する側にとっても良い影響がある。

2　1つの用語は1つの意味で使用する

　用語は、発信者と受信者が同じ意味に解釈する必要があります。特に重要な用語については、文書のはじめに用語の意味を定義してから使うようにしてください。また、文書の中では、1つの用語は、1つの意味で使うように統一することが大切です。

　文書18の場合、ピクセルと画素という用語が使われていますが、どちらかに統一すべきでしょう。

文書18　用語の統一

> 4×5インチフイルムは20,320×25,400ピクセルに相当し、現在の200万画素程度のディジタルカメラの250倍の高画質を誇る。

3　受け手のことを考えて用語を選ぶ

受信者と発信者の関係によって用語を使い分けることも大事です。受信者が、社外、顧客、目上の人などの場合、礼儀、マナーをわきまえた用語を使う必要があります。もし、用語の使い方を間違えるとその文書は読まれなくなる公算が高くなるばかりか、印象を悪くし信頼を低下させることにもなりかねません。

テーマによっても、用語の使い分けが必要です。依頼状、案内状などは、気をつけましょう。

専門用語については、受信者の知識バックグラウンド（専門分野）がはっきりわかっている場合には、その分野の専門用語を使ったほうがいいでしょう。意味が明確であり、表現も簡潔になります。

4　不要語・冗長語句は使わない

不要語や冗長語句はできるだけ使わないように心がけましょう。

●ローマ字で入力した文字は、変換キーを押すと漢字への変換が

実行される。
◎ローマ字で入力した文字は、変換キーを押すと漢字へ変換される。

●辞書に登録する学習機能を設定することもできます。
◎辞書に登録する学習機能を設定できます。

●登録を設定できるのは、後変換学習・未登録学習・文節区切り学習の学習内容です。
◎登録できるのは、後変換・未登録・文節区切り学習です。

よく見る冗長語を示します。カッコ内が推奨したい表現です。

●することができます （できます）
●述べることにします （述べます）
●を行ないます （します）
●するわけです （します）
●かつまた（また）
●必要であるといえます （必要です）
●しかしながら （しかし）
●一面においては（一面）
●その反面において（反面）
●その結果として（その結果）
●このような理由から（以上の理由から）
●その意味において（その意味で）

コラム 長い文がわかりづらい理由

　長い文がわかりづらいのは、なぜでしょう。それは、私たちの短期記憶庫（ワーキングメモリ）の記憶能力と文の解釈のメカニズムに起因していると思われます。

　ジョージ・ミラーさんという心理学者の実験によると、人間が一時的に記憶できる情報項目の数は7±2だそうです。日本語の場合、動詞が文の最後にくる語順ですから、主語と動詞の間の情報は記憶しておかなくてはなりません。動詞が出てくるまでの間の情報量が多くなると記憶できなくなり、わかりづらくなるのです。その情報量の限界が7±2、言い換えると単語数で5～9ということになります。文字数でいえば35～50字くらいでしょう。

　ちなみに、先の果物を並べた文には、主語と動詞の間に10個の果物の名前が記述されていました。主語と動詞の間に多くの単語が入るということは、結局、文が長くなり、わかりづらくなるということです。

　わかりやすい文を書くコツは、「動詞をできるだけ主語に近づける」ことといえるでしょう。

5 明確な表現をするためのルール

　明確な表現とは、表現したい内容の構造が視覚的によくわかることと、文の主語、述語が明確であることです。また、ビジュアル化とは、相手の頭の中に場面を想像させ、次の場面へとつなげていくことです。文書においては、これを言葉で表現することになります。

1 記述符号の使い方

　「。」や「、」や「()」などを記述符号といいます。記述符号は、文章の中で文脈を明らかにし、文意を正しく効率よく伝えるために用います。

a 区切り符号の使い方

　まる「。」、コンマ「、」「,」、中点「・」、コロン「：」、セミコロン「；」を区切り符号といい、言葉を区切る、すなわちそこまでの文字列で意味を理解しなさいという記号です。

- 「、」「。」：文化庁がすすめる表記法。公用文の多くが使用。本書はこの表記法です
- 「,」「。」：JIS がすすめる表記法
- 「,」「.」：科学技術誌、論文で用いられている表記法

◇1◇　句点

　「。」「.」など、句点は、文の終わりに打ち、文の終わりを示す符号です。次のようなルールがあります。

- 文末にカッコを置いたときの句点はカッコ外の末尾につける
- 見出し文には句点をつけない
- 箇条書き文の末尾には句点をつけない（つけなくてもよい）

◇2◇ 読点

「、」「,」など、読点(とうてん)は、語句の区切りや文頭の接続語の後に打ち、言葉の切れを示す符号です。

- **主語や主題の後**：私は、電車に間に合うよう駅に向かって走った。
- **文や語句を列挙する場合**：我社は、PC、WS、ネットワーク製品を販売している。
- **読み誤る恐れのある箇所や、意味の切れる箇所**：星がきれいな夜、空を眺めた。

b　引用符号の使い方
- （　）：パーレン（カッコ）
  文中の用語や文の後に続けて注釈や言い換えを併記する場合に使います。
- 「　」：かぎカッコ
  会話や引用する場合に使います。特に強調したい用語・文章をくくる場合にも使います。
- 『　』：二重かぎカッコ
  書籍名、資料名を表示する場合に使います。

2　箇条書きの効果とルール

箇条書きは、次のような効果を狙ったものです。

●複雑な内容を、小さく分け、わかりやすくする
●重要な内容を印象づける

箇条書きのルールとしては、次のようなものがあります。

●箇条書きは、本文が敬語体、通常体に関わらず「である」に
●手順を示す場合、文頭に①②やイロハなどを表記する

演習7 文書19をわかりやすく表現してください。
ヒントは、文を分ける、箇条書きにする。改善例は、106ページを参照してください。

文書19　文章例

　私の勤務する会社は情報サービス業で、システムコンサルテーションからシステム開発、アウトソーシングまで行っており、従業員は420人で、うち335人がシステム開発関係の業務を行っている。8割の従業員が従事しているシステム開発関係の業務において、そのプロジェクトの収支が黒字なのか赤字なのか、その実態を把握し経営効率に務める必要がある。また、人事面において、個々の社員の効率性を把握し、人事評価に役立てたい。という2つの面から、プロジェクト管理システムの開発が急務となった。

演習7の解答例

●わかりづらくしている原因
・最初の文に、2つ以上のことが入っている
　→文を分ける
・「という2つの面から、……」の文を読んで、2つとは何であったか、改めて前を読み直さなくてはならない
　→2つの項目を箇条書きで明示する

文書例の改善文書

　私の勤務する会社は、システムコンサルテーションからシステム開発、アウトソーシングまで行う情報サービス業である。従業員数は420人、うち8割がシステム開発業務を行っている。システム開発はプロジェクト体制で行っているが、各プロジェクトは、次の2つの問題をかかえている。

（1）プロジェクト収支は、その実態が管理されていないため黒字なのか赤字なのか不明である

（2）プロジェクト員の各個人別活動状況が不明であり、人事評価に結びついていない

　私は、これらの問題を解決し、経営効率を上げることが急務であると考え、「プロジェクト管理システム」の開発を提案する。

3 具体的な数値で表現する

具体的な数量で表現することにより、相手にイメージを与えやすくすることができます。また、相手を説得する有力な手段にもなります。

- ●霞ヶ関ビル1000杯分
- ●東京ドームの10倍の広さ

文書20の表現は、どうでしょう。

文書20　数値表現

> ユネスコの世界遺産に指定されているサン・サバン教会は、パリから南にTGVで1.5時間、そしてポアチェから東に40kmのところにある。

この文は、数値表現はしてありますが、2つ問題点があります。1つは、TGV（フランスの新幹線）を知らないと1.5時間の意味がわからない。2つ目は、1.5時間と、40km という単位の違う尺度で表現していることです。

4 カタカナとカッコの混ざる文のコツ

カタカナやカッコの使い方について、次の演習8で考えてみましょう。

演習8 文書21の文をわかりづらくしている原因を挙げ、どうしたらいいか考えてください。

文書21　カタカナ・カッコ

　アクア・パワーシステムズ（アクア・マイクロエレクトロニクスの1部門）には「デミング賞」、アクア・コンシューマー保守サービス部門（アクア・コンシューマー・メンテナンス・サービス）には「日本経営品質賞」、そして、アクア・コミュニケーションズには「環境賞」。私たちの想いを新たにする、3つの賞をいただきました。皆さまのビジネス成功のために、私たちはこの栄誉を活かしていきます。

アクアグループ

(演習8の解答例)

●わかりづらくしている原因

・カッコの中が長い
　→カッコは読み飛ばして読める範囲にする
・カタカナ文字が続くと読みづらい
　→ある程度は、仕方がないことだが、次の改善例のように工夫することができる

カタカナ・カッコの改善文書

　皆さまのビジネス成功のために、私たちはこの栄誉を活かしていきます。

　アクア・パワーシステムズ(注1) には「デミング賞」、アクア・コンシューマー保守サービス部門(注2) には「日本経営品質賞」、そして、アクア・コミュニケーションズには「環境賞」。私たちの想いを新たにする、3つの賞をいただきました。

　　　　　　　　　　　　　アクアグループ

注1：アクア・マイクロエレクトロニクスの1部門
注2：アクア・コンシューマー・メンテナンス・サービス

5 図表を使う際の注意点

ビジュアル化のための表現手段として図表があります。図表は大いに活用すべきですが、次のことに気をつけましょう。

- あくまでも、本文が本流です。図表は、本文から参照する指示をしてください
- 図表は、発信者の描いたイメージです。場合によっては、受信者の考えの範囲を限定してしまう恐れがあります。

コラム　トピック・センテンス（topic sentence）

本書は、パラグラフの説明箇所で「書き出し文」という言葉を使って説明しましたが、一般的には、「トピック・センテンス」という用語が使われています。

しかし、仕事文書では書き出し文が重要な役割を担っています。機能説明などの場合、書き出し文がトピック・センテンスと同じことが多いのですが、時間的順序の説明では締めくくり文がトピック・センテンスに該当することが多く、説明がややこしくなります。

そこで、本書は「書き出し文」という言葉を使うことにしました。私たちは、最初に読んだ文でメンタルモデルを形成し、記憶しているどの情報で理解してゆくか決めます。その最初を間違えるとわかりづらくなるのです。その意味で、書き出し文はたいへん重要なのです。

5日目
相手を動かす提案書の書き方

① 提案内容をどうやって考え出すか

1 テーマを確定し、仕様定義書を作成する

　この章では、提案内容をどう発想するかから、実際の提案文書の作成までを学習します。

　提案文書で一番大事なことは、提案内容です。ここでは、4日目の演習6で述べた、「私の役割」の事例をもとに、改善提案をすることにします。

　私の仕事の1つに、庭仕事があります。家の庭をもっと良い庭にするための改善提案を家族に行なうため、まず、コミュニケーション仕様定義書を作成してみました（文書22）。

2 改善項目をどこから発想しはじめるか

　現在の仕事レベルを上げるために何をしたらいいのか。皆さんなら、どのように考えますか。改善項目を考え出す方法として、私が、使っている方法をここで紹介します。

　発想の基本的な方法の1つが、「お客様は誰か」ということから考えを出発する方法です。その仕事は誰のために、どのような価値を作り出しているのかという原点に返るやり方です。文書23の発想フレーム・ワークシートに沿って、展開手順を示します。

文書22 提案のコミュニケーション仕様定義書

◆コミュニケーション仕様定義書		
1	ビジネス目的	快適な住環境の維持と地域社会との環境バランスの維持
2	コミュニケーション目的	健康な庭にするための協力と理解
3	文書タイトル	私の庭仕事の改善提案
4	発信者	FROM：家長（自分）
5	受信者	TO：家族　　　　　　CC：
6	受信者のバックグラウンド	地位・組織：家族 専門分野・出身：
7	伝達タイミング	発信日時：2008.6.11　発信サイクル：
8	動機づけ要素	向上心、(興味)、使命感 ルール、慣習、マナー (不安感)、損得、利便性 ・草木は、日当たり、風通しが必要 ・病害虫被害は、地域全体に及ぶ ・隠すより、見えたほうが安全
9	行動内容	理解と協力 ・深い剪定への理解 ・庭仕事の作業協力

文書23　提案内容の発想フレーム・ワークシート

	顧　客	仕事（プロセス）	スキル
現状	②お客様は誰か？	①今の仕事は？	
改善後	③新たな顧客価値は？	④価値を生むための新しい仕事は？	⑤その仕事に必要なスキルを身につけるには？

①現在行なっている仕事を認識します
②その仕事の成果を享受している人（お客様）は誰か、お客様は満足しているか
③お客様にとっての新しい価値は何か
④新しい価値を生むための新しい仕事は何か
⑤その仕事を行なうためのスキルをどうやって身につけるか
　（このスキルには、個人レベルで行なうスキルと、組織全体で取り組まなければならないスキルがあります）

5日目 相手を動かす提案書の書き方

それでは、庭仕事の改善提案の内容を、展開してみましょう。

文書24　提案内容の発想例

	顧客	仕事（プロセス）	スキル
現状	②お客様は誰か？ 家族 　美しい庭、目隠し 隣近所 　環境美化	①今の仕事は？ 庭仕事 　草刈り、肥料と水やり 　剪定（場当たり的） 　薬剤散布（対症療法的）	
改善後	③新たな顧客価値は？ 家族 　美しい庭、安全を考慮した目隠し 隣近所 　環境美化、病害虫駆除 庭木・草花 　日当たり、風通し、病害虫駆除 ☆健康な庭にしたい！	④価値を生むための新しい仕事は？ ・病害虫発生防止のための計画的薬剤散布 ・健康な庭木・草花を育てるため、日当たり・風通しを良くするための計画的で適切な剪定 ・健康な庭木・草花を育てるための適切な肥料と水やり	⑤その仕事に必要なスキルを身につけるには？ ○家族に必要なこと 　思い切った剪定などに対する理解 ○自分に必要なスキル ・薬剤知識と散布方法 ・剪定時期と方法 ・個々の庭木・草花の特性

顧客の新しい価値は、「健康な庭」です。庭木や草花を顧客と認識したのもこのフレームで展開している中で思いついたものです。
　価値を生むための新しい仕事（プロセス）は、次の3つです。
①計画的薬剤散布
②計画的で適切な剪定
③適切な肥料と水やり

　そのために、自分に必要なスキルは、次の3つです。
①薬剤の知識と散布方法
②剪定時期と剪定方法
③庭木や草花の特性の把握

5日目 相手を動かす提案書の書き方

② 提案内容をパラグラフに展開し、文章を書く

1 パラグラフ構造にあてはめる

次に、提案内容をパラグラフ構造に展開してみましょう。パラグラフ構造に展開するシートついては、すでに4日目の演習6でも使用しました。このシートに今回の「庭仕事」の事例を記入したものが文書25です。

文書25の②〜⑤のトピックは、文書24から出てきたものです。そして、①と⑥は、コミュニケーション仕様定義書の「コミュニケーション目的」と「受信者」から出てきたのです。

導入パラグラフと締めくくりのパラグラフは、挨拶のようなものです。相手の家を訪問した際の「最初の挨拶」と「お暇(退出)をする挨拶」に相当します。

2 パラグラフ構造から文章を書く

文書25のパラグラフ構造をに基づいて文章を作成したものが、文書26です。文章全体は完成していませんが、ここでは、文書25のパラグラフ構造からどのように文章化したらいいかを習得してください。

文書25　提案内容のパラグラフ構造例

章立て	キーワード／ストーリー	書き出し文
①導入	改善提案、サツキの花、皆を和ませる、柊もくせい、病害虫	今の時期、我が家の庭は、生垣の下にびっしりと咲いた赤いサツキの花で囲まれています。
②現状と問題点	柊もくせい、生垣の役割、風通し、病害虫	我が家の周りは、「柊もくせい」の生垣で囲まれています。
③健康な庭	美しい庭とは、健康、日当たり、風通し、剪定	美しい庭や生垣を造るためには、どんなことをしたらいいのか。
④健康な庭にするための仕事	剪定、水やり、肥料やり、庭木・草花の特性	健康な庭を造ることは大変ですが、家長として大事な仕事です。
⑤健康な庭にするための学習項目	庭の健康管理、剪定方法、適切な肥料と水やり、薬剤の知識	健康管理は、生きてゆくための最も基本的な能力です。
⑥締めくくり	決意、協力要請	改善策を述べてきました。

文書26 提案文書例

2008年6月11日

家族の皆様

山﨑政志

私の庭仕事の改善提案

　今の時期、我が家の庭は、生垣の下にびっしりと咲いた赤いサツキの花で囲まれています。サツキは、私たちだけではなく、近所の人や散歩で通り過ぎる人も和ませ、うれしい気持ちにさせます。しかし、今年は生垣の「柊もくせい」の新芽に虫が付き黄色く枯れてしまいました。また、生垣自身が密集していて中側に病害虫が発生している部分もあるようです。このような状況をふまえ、常に美しい庭を維持するための改善提案をします。

1．現状と問題点
　　我が家の周りは、「柊もくせい」の生垣で囲まれています。この生垣の役割は、外部との遮断、つまり外部からの侵入を防ぐこと、内部が見えなくすることです。しかし、現状は見えなくすることが優先し生垣自身が密集し、風通し、生垣の下の「さつき」や草花の日当たりが悪くなっています。
　風通しが悪い→病害虫に犯されやすい→草木の日当たり→剪定・薬剤散布→方法の未習熟
2．健康な庭
　　美しい庭や生垣を造るためには、どんなことをしたらいいのか。美しい庭とは、庭木や草花が健康であることが前提となります。
　健康のため→日当たり・風通し→深い剪定→目隠し→空き巣対策→見えた方が安全
3．健康な庭にするための仕事
　　健康な庭を造ることは大変ですが、家長として大事な仕事です。
　適切な剪定→適切な薬剤散布→適切な肥料・水やり
4．健康な庭にするための学習項目
　　健康管理は、生きてゆくための最も基本的な能力です。しかし、植物は動くことができません。
　植物の特性の学習→家族全体でやること→自分でやること→剪定知識と技術の学習→薬剤知識と散布方法の学習

　以上、美しく健康な庭にするための改善策を述べてきました。一部、皆様に実施して頂くこともあります。ご協力をよろしくお願いします。

以上

演習9　さあ、今度は皆さん自身の提案書を作成しましょう。次の手順で、進めてください。
① 皆さんの役割の1つを取り上げ、改善テーマを決める
② コミュニケーション仕様定義書を作成する
③ 提案内容の発想フレームを使い改善ストーリーを作る
④ 提案内容をパラグラフ構造に展開する
⑤ 文章を作成する

作成後のチェック項目

① 新しい顧客価値は、明確ですか
② その価値を実現する仕事（プロセス）は明確ですか
③ その仕事をするスキルが明確にしてありますか

コラム　右脳と左脳

　右脳は、イメージや芸術など直感的情報処理を、左脳は言語など論理的な情報処理を司っているといわれています。人にはそれぞれ得意な分野があり、芸術家は右脳をよく使い、言語の仕事に携わっている人は左脳をよく使います。

　提案文書の作成ではどうかというと、提案内容を発想する場面では右脳を使い、それを文章にする場面では左脳を使います。そうです。文章を作成するプロセスでは、右脳と左脳の両方をバランスよく使っているのです。文章の作成は、脳にバランスの取れた栄養を与えているのかもしれません。

③ 提案書を書く目的は何か

1 なぜ提案書が重要なのか?

　提案とは、「今より、もっと良くなりたい」という、人間の自然な欲求の現れです。企業においては、売上を上げるための提案、業績を上げるための提案、品質を上げるための提案、など毎日がその積み重ねではないでしょうか。提案書は、良くなるためのきっかけとなるものです。

　ここまで提案書の作成手順を説明してきましたが、これらはあくまで基本であり、実は、これだけでは不十分なのです。

　なぜならば、提案書の目的は、提案目的と提案内容を伝え、相手を説得し、改善するための行動を相手にとらせることにあるからです。

a　提案こそ仕事のバロメーター

　企業が存続するためには、常にお客様に満足していただくことが必用です。満足度を維持するためには、常に新しい価値を提供し続けることが必須条件です。

　そのためには、社長であろうが、部長であろうが、担当者であろうが、その仕事に関わるすべての人が新しい価値を生み出すための提案を行なう必要があります。図表19には、組織構造と求められる提案レベルのイメージを示してあります。

　元気のいい企業は良い社員を集め、良い社員は良い提案をし、ますます企業は元気になります。組織の向上心は企業の元気の源です。そして、提案力は仕事ができることのバロメータなのです。

図表19　提案の意義

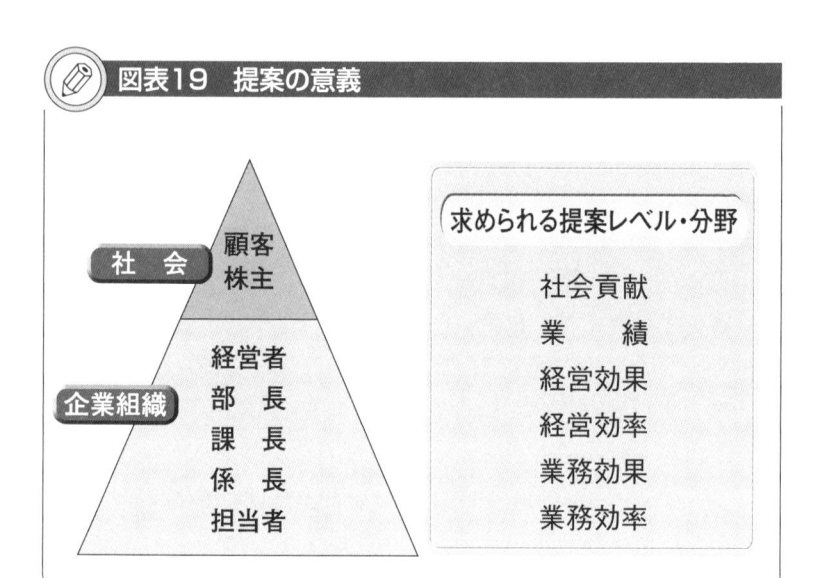

```
        顧客
 社 会   株主                   求められる提案レベル・分野

        経営者                    社会貢献
 企業組織 部　長                   業　績
        課　長                    経営効果
        係　長                    経営効率
        担当者                    業務効果
                                業務効率
```

b　提案の動機づけ

　提案をする人の動機は、良くなりたいという向上心であり、その改善意欲と熱意が提案書を書かせるのです。一方、提案書を受ける側の動機づけは、やはり向上心が根底にあり、その提案を「採用する、しない」の評価には損得・利便性などの動機づけ要素が大きく働くものと思われます。

c　「誰のため」に提案書を書くのか

　提案書の目的は、提案を採用してもらいそれを実現することです。提案書が採用される評価項目のうち、一番大事な項目は、「提案内容がどれだけ役に立つか」、すなわち経営にどれだけ貢献するかということです。

　それでは、経営に貢献する提案は、どうして生まれるのでしょう？

　それは、常に問題意識をもち、現状に満足せず、向上しようと

することから生まれるのです。この仕事は誰のためにやっているのか、仕事の成果に満足しているのか、お客様は満足しているのかを、常に見ることが重要です。

ここでいう、お客様とは、製品やサービスの購入者だけを指すわけではありません。例えば、総務部門の仕事のお客様は、誰でしょう？　それは、社員全員です。私は、自分以外、すべてお客様だと考えるようにしています。そう考えようとするところから、新しい提案が生まれるのだと考えています。

2 課題解決型提案書と目標設定型提案書

提案書には、どんな種類があるのでしょうか？

提案書には、現在抱えている課題や問題を解決するための課題解決型と、これまでになかった新しいことを提案する目標設定型の2つがあります。

a　課題解決型の文書構造

課題解決型の文書構造を図表20に示します。「提示順」とは、提案内容の説明順であり、「動機づけ要素」とは、提案を受ける側の動機づけを示します。

b　目標設定型の文書構造

次に目標設定型の文書構造を、図表21に示します。

図表20、21の提示順3番目「比較と優位性」について説明しておきます。「比較と優位性」は、その前の2で説明した解決策が本当に良い策かどうか、その判断材料を示すものです。他の解決策との比較や他社との比較を行ない、提案している解決策が客観的にも良いことを示すのです。つまり、起承転結の「転」が比較と優位性、提案の客観性をもたらす意味をもつのです。カッコを付けたのは、必要がない場合もあるからです。

図表20　課題解決型

提示順	内　容　項　目	動機づけ要素
1	課題	不安感、使命感、向上心
2	解決策（方策、手順、資源）	
(3)	比較と優位性	安心感
4	投資効果と制約条件	損得

図表21　目標設定型

提示順	内　容　項　目	動機づけ要素
1	目標と達成イメージ	使命感、向上心
2	実現策（方策、手順、資源）	
(3)	比較と優位性	安心感
4	投資効果と制約条件	損得

5日目 相手を動かす提案書の書き方

❹ 良い提案書、悪い提案書、その差はココだ!

1　経営会議に提出された企画書の場合

演習10　文書27は、経営会議に提出された企画書です。この文書を読んで、コミュニケーション仕様定義書をもとに評価し、改善点を見つけてください。手順は、次の通りです。

①文書27の経営会議資料を読んで、読み取れる項目を文書28のコミュニケーション仕様定義書に記入し、評価する
②改善点を挙げる
③129ページからの解答例を参照いただき、文書27に欠けている項目を確認後、皆さんの挙げた改善点と解答例の改善点とを比較し、相手を説得する企画書とは何かを考える

参考　グループウエアとは、電子掲示板や文書を自動的に相手に送る(ワークフロー)機能、電子会議、スケジュール管理機能などをもち、共同作業を支援し仕事の効率を上げるためのコンピュータ・ソフトウエアです。

文書27　経営会議資料

経営会議資料

2007年12月14日

情報システム部長
山本太郎

グループウエア導入による業務効率向上施策

１．目的

　電子メールの利用が全社員に浸透してきた今、グループウエアを導入し定常的な伝票類の電子化と回覧の自動化を行い、審査承認業務を効率化したい。

２．推進計画

（1）業務改善項目

　（a）ワークフロー機能　定形書類の自動配信による業務の効率化（旅費清算、勤休管理等）

　（b）スケジュール機能　相手スケジュール状況の確認、予約の効率化

（2）導入時期　2008年5月から7月：教育・テスト期間、8月から実運用開始

（3）推進体制　情報インフラの構築・整備・運用：情報システム部
　　　　　　　職場内教育・指導：各職場のネットワーク管理者

３．投資効果

・購入費用：サーバ1台　300万円、
　　　　　　グループウエアパッケージ　200万円　合計500万円

・効果：（a）ワークフロー機能の効果
　　　　　　10分×100件×20日×50円／人＝100万円／月
　　　　（b）スケジュール機能の効果
　　　　　　10分×100人×20日×30円／人＝60万円／月

以上

5日目 相手を動かす提案書の書き方

文書28 経営会議資料のコミュニケーション分析

◆コミュニケーション仕様定義書	
1	ビジネス目的	**業務効率向上**
2	コミュニケーション目的	
3	文書タイトル	**グループウエア導入による業務効率向上施策**
4	発信者	FROM：
5	受信者	TO：　　　　　　　　CC：
6	受信者のバックグラウンド	地位・組織： 専門分野・出身：
7	伝達タイミング	発信日時：**2007年12月14日**　発信サイクル：
8	動機づけ要素	向上心、興味、使命感	
		ルール、慣習、マナー	
		不安感、損得、利便性	
9	行動内容	

127

評価

皆さんの改善点

①
②
③
④

5日目 相手を動かす提案書の書き方

(演習10の解答例)

経営会議資料のコミュニケーション分析

◆コミュニケーション仕様定義書		
1	ビジネス目的	**業務効率向上**
2	コミュニケーション目的	**グループウエア導入の承認**
3	文書タイトル	**グループウエア導入による業務効率向上施策**
4	発信者	FROM：**情報システム部長　山本太郎**
5	受信者	TO：**経営会議メンバー**　CC：
6	受信者のバックグラウンド	地位・組織：**経営幹部** 専門分野・出身：
7	伝達タイミング	発信日時：**2007年12月14日**　発信サイクル：
8	動機づけ要素	向上心、興味、使命感 / ルール、慣習、マナー / 不安感 (損得) (利便性)	**・承認審査業務の効率化** **・投資効果**
9	行動内容	**・提案内容の審議**	

経営会議資料の改善点と改善文書

経営会議メンバー各位　〔1. 宛名明記〕

2007年12月14日
情報システム部長
山本太郎

〔2. 提案趣旨を入れ、相手に行動してもらいたいことを明記する〕

グループウエア導入による業務効率向上施策の提案

　定常的な伝票類の電子化と回覧の自動化を行い、審査承認業務を効率化したい。そのためにグループウエアの導入を下記の通り提案いたします。

記　〔3. 別記表記とする〕

1．目的
　定常的な伝票類の電子化と回覧の自動化による審査承認業務の効率化
2．推進計画
（1）業務改善項目
　（a）ワークフロー機能　定形書類の自動配信による業務の効率化
　　　（旅費清算、勤休管理等）
　（b）スケジュール機能　相手スケジュール状況の確認、予約の効率化
（2）導入時期　2008年5月から7月：教育・テスト期間、8月から実運用開始
（3）推進体制　情報インフラの構築・整備・運用：情報システム部
　　　　　　　職場内教育・指導：各職場のネットワーク管理者
3．投資効果
・購入費用：サーバ1台　300万円、
　　　　　　グループウエアパッケージ　200万円　合計500万円
・効果：（a）ワークフロー機能の効果　100万円／月
　　　　（b）スケジュール機能の効果　60万円／月
添付資料：「グループウエア導入検討書」

〔4. 投資効果の詳細は添付とする〕

以上

5日目 相手を動かす提案書の書き方

2 経費認可を求める決裁文書の場合

演習11 文書29は、すでに経営会議で承認された案件の購入に当たっての経費認可の決裁文書です。この文書を読んで、コミュニケーション仕様定義書をもとに評価し、改善点を見つけてください。手順は、次の通りです。

①文書29の決裁文書を読んで、読み取れる項目を文書30のコミュニケーション仕様定義書に記入し、評価する

②改善点を挙げる

③135ページからの解答例を参照いただき、皆さんの挙げた改善点と解答例の改善点とを比較し、相手を説得する決裁文書とは何かを考える

文書29 決裁文書

TD決裁08-105
2008年1月15日

決裁　　合議
事業部長　経理部長、技術部長、総務部長

情報システム部長
山本太郎

グループウエア導入経費認可伺い

　先の経営会議で承認された、グループウエア導入に関し、下記事項の決裁をお願いいたします。

記

1．購入品名：グループウエア用サーバー　HCX300
2．購　入　先：ABC機器販売株式会社
3．購入金額：315万円（本体　300万円、消費税　15万円）
4．購入時期：2008年3月初旬
5．そ の 他：グループウエアパッケージについては、レンタル契約
　　　　　　　とし2008年4月より10万円／月の費用が発生する。
　　　　　　　この運用経費は、情報システム部の間接費用として16
　　　　　　　年度上期より予算計上する。

添付書類：①経営会議提出資料「グループウエア導入による業務効率
　　　　　　向上施策の提案」
　　　　　②導入計画詳細「グループウエア導入検討書」

以上

5日目 相手を動かす提案書の書き方

文書30 決裁文書のコミュニケーション分析

◆コミュニケーション仕様定義書	
1 ビジネス目的	
2 コミュニケーション目的	グループウエア購入の認可を得る
3 文書タイトル	
4 発信者	FROM：情報システム部長　山本太郎
5 受信者	TO：　　　　　　　　　CC：
6 受信者のバックグラウンド	地位・組織： 専門分野・出身：
7 伝達タイミング	発信日時：**2008年1月15日**　発信サイクル：
8 動機づけ要素	向上心、興味、使命感
	ルール、慣習、マナー
	不安感、損得、利便性
9 行動内容	

評価

皆さんの改善点
①
②
③
④

5日目 相手を動かす提案書の書き方

(演習11の解答例)

決裁文書のコミュニケーション分析

◆コミュニケーション仕様定義書		
1	ビジネス目的	**業務効率向上**
2	コミュニケーション目的	**グループウエア購入の認可を得る**
3	文書タイトル	**グループウエア導入経費認可伺い**
4	発信者	FROM：**情報システム部長　山本太郎**
5	受信者	TO：**事業部長、経理部長、技術部長、総務部長**　CC：
6	受信者のバックグラウンド	地位・組織：**経営幹部** 専門分野・出身：
7	伝達タイミング	発信日時：**2008年1月15日**　発信サイクル：
8	動機づけ要素	(向上心) 興味、使命感／(ルール) 慣習、マナー／不安感 (損得) 利便性　・**経営会議での承認事項**　・**費用細目**
9	行動内容	・**決裁**

決裁文書の改善点と改善文書

TD決裁08-105
2008年1月15日

決裁　　　合議
事業部長　　経理部長、技術部長、総務部長

情報システム部長
山本太郎

グループウエア導入経費認可伺い

(1. 日付を明確にする)

<u>2007年12月14日</u>の経営会議で承認された、グループウエア導入に関し、次の事項の決裁をお願いいたします。
①グループウエア用サーバーの購入実施　　(2. 決裁項目を明確にする)
②グループウエア用パッケージ費用品目の変更

記

1．購入品名：グループウエア用サーバー　HCX300
2．購　入　先：ABC機器販売株式会社
3．購入金額：315万円（本体　300万円、消費税　15万円）　(3. 費用品目の変更理由を明記する)
4．購入時期：2008年3月初旬
5．そ の 他：グループウエアパッケージは、経営会議承認時は購入していたが、その後の検討結果レンタル契約が有利と判断し、レンタル契約とした。運用費用として2008年4月より10万円／月の費用が発生する。
　　　　　　　この経費は、情報システム部の間接費用として2008年度上期より予算計上する。

添付書類：①経営会議提出資料「グループウエア導入による業務効率向上施策の提案」
　　　　　②導入計画詳細「グループウエア導入検討書」
　　　　　③機器選定検討結果資料

(4. メーカー選定の根拠資料も必要な場合がある)

以上

5日目 相手を動かす提案書の書き方

3 講師派遣をお願いする依頼状の場合

演習12　文書31は、先のグループウエアに関する教育を行なうため、メーカーに講師派遣をお願いする依頼状です。この文書を読んで、コミュニケーション仕様定義書をもとに評価し、改善点を挙げてください。手順は、次の通りです。

①文書31の講師依頼状を読んで、読み取れる項目を文書32のコミュニケーション仕様定義書に記入し、評価する

②改善点を挙げる

③141ページからの解答例を参照いただき、皆さんの挙げた改善点と解答例の改善点とを比較し、相手を説得する依頼文書とは何かを考える

文書31　講師依頼状

2008年2月4日

横浜ソフト株式会社　御中

株式会社　東京電子
情報システム推進部
小林　政志

グループウエア教育講師派遣依頼の件

拝啓　立春の候、貴社ますますご繁栄のこととお喜び申し上げます。
　さて、当社では貴社販売のグループウエアを導入し、その普及拡大を進めております。そこで、さらに利用分野を拡大するため下記内容にて講演会を開催したいと考えています。
　つきましては、誠に恐縮ですが講師の派遣をして戴きたくお願い申し上げます。

敬具

記

1．ご講演内容
　　・グループウエアとは（背景と狙い、機能と概要）
　　・ワークフローと文書DB管理（情報の共有化）
2．開催日
　　3月上旬。詳細日時は、ご相談の上決めさせていただきたいと思います。
3．場所
　　弊社講堂
4．受講予定者
　　各職場のOA推進委員（主任レベル）を中心に50名程度。

以上

5日目 相手を動かす提案書の書き方

文書32 講師依頼状のコミュニケーション分析

◆コミュニケーション仕様定義書		
1	ビジネス目的	**業務効率向上**
2	コミュニケーション目的	
3	文書タイトル	**グループウエア教育講師派遣依頼の件**
4	発信者	FROM：
5	受信者	TO：　　　　　　　　CC：
6	受信者のバックグラウンド	地位・組織： 専門分野・出身：
7	伝達タイミング	発信日時：**2008年2月4日**　　発信サイクル：
8	動機づけ要素	向上心、興味、使命感
		ルール、慣習、マナー
		不安感、損得、利便性
9	行動内容	

|評価|

|皆さんの改善点|
①
②
③
④

5日目 相手を動かす提案書の書き方

(演習12の解答例)

講師依頼状のコミュニケーション分析

◆コミュニケーション仕様定義書		
1	ビジネス目的	**業務効率向上**
2	コミュニケーション目的	**グループウエア教育講師派遣の承諾**
3	文書タイトル	**グループウエア教育講師派遣依頼の件**
4	発信者	FROM：東京電子　小林政志
5	受信者	TO：横浜ソフト 株式会社　　CC：
6	受信者のバックグラウンド	地位・組織： 専門分野・出身：
7	伝達タイミング	発信日時：**2008年2月4日**　発信サイクル：
8	動機づけ要素	向上心、興味、(使命感) ルール、慣習、マナー 不安感、(損得)、(利便性)	・**自社販売の製品を使用していただいている** ・**教育を通してのPRの場**
9	行動内容	・**講師の派遣**	

141

講師依頼状の改善点と改善文書

2008年2月4日

横浜ソフト株式会社　御中

株式会社　東京電子
情報システム推進部
小林　政志

グループウエア教育講師派遣依頼の件

拝啓　立春の候、貴社ますますご繁栄のこととお喜び申し上げます。
　さて、当社では貴社販売のグループウエアを導入し、その普及拡大を進めております。そこで、さらに利用分野を拡大するため下記内容の教育を計画しています。
　つきましては、講師の派遣をしていただきたく宜しくお願い申し上げます。

敬具

（1. 用語の修正）

記

（2. 受信者と発信者のビジネス関係を踏まえた表現。必要以上にへりくだる用語にしない）

1. 教育内容
　・グループウエアとは（背景と狙い、機能と概要）
　・ワークフローと文書DB管理（情報の共有化）
2. 開催日
　3月上旬　3時間
3. 場所
　弊社講堂
4. 受講予定者
　各職場のOA推進委員（主任レベル）を中心に50名程度。

尚、日時、謝礼等につきましては別途打ち合わせさせていただきたく。

以上

（3. 時間、講師謝礼についても明示し、別途打合せ事項として明示する）

5 相手を動かす提案に必要なこと

1 日頃の仕事への取り組み方を大切にする

a 向上心

　人は、良くなりたいという欲求をもっています。しかし、人によってその行動に違いがあります。プラス思考で行動する人、マイナス思考で行動する人、いろいろです。プラス思考とマイナス思考の違いは次の通りです。

プラス思考	マイナス思考
仕事をさせてもらう	仕事をさせられている
自分は会社に何ができるか	会社は自分に何をしてくれるか
こうすればできる	これがあるからできない

　考え方が180度違いますね。できるだけ、プラス思考で行動したいものです。行動した結果、うまくいかなかった場合、自分が悪かったと感じる人は向上します。うまくいかなかった理由を、他人のせいにする人は向上しません。他人のせいにした瞬間、自ら向上の道を閉ざしてしまうのです。

b 改善

　改善とは、現状の問題点を発見し、それを解決することです。オフィスにおける事務の合理化、現場における作業効率の向上などがそれです。問題点を発見するためには、現状がどんな状態なのか、そのレベルを測るモノサシが必要です。

　問題点を探す場合に使われるモノサシとしては、品質・コスト

・時間（QCT:Quality, Cost, Time）などがあります。

● もっと早くできないか（時間）
● もっと楽にできないか（仕事環境、道具、手順）
● もっと要領よくできないか（ムダ、ムラ、ムリの排除）
● もっと簡単にできないか（ヒト、モノ、カネ）
● もっとミスをなくすことはできないか（品質）

c 改革

改革とは、こうありたいという将来のあるべき姿を描き、現状とのギャップを乗り越えていくことです。では、あるべき姿はどうやって見つけるのでしょう？　それは、本物を見ること、すばらしいと思う他社を見ること、本質を見抜くことから、自分の中に理想像を思い浮かべて見つけるのです。

2 大事なのは提案内容だけじゃない

提案をするうえでのポイントは、経営貢献度、熱意、タイミング、プレゼンテーション力です。

a 提案は内容と熱意

1番大事なことは、経営への貢献度です。経営への貢献度といっても、図表19（122ページ）に示したように、与えられた役割それぞれで異なります。それぞれの立場で、現場に立脚した、熱い思いを込めた提案が求められていると思います。

b 提案のタイミング

2番目に大事なことは、スピードです。タイミングを逸した提案は、効果がありません。また、場合によっては、認められないこともあります。しかし、本当に大事だと思ったら何回でも、提

案することです。

c　プレゼンテーション力

3番目に大事なことは、提案のプレゼンテーション力です。これまでの提案書の構造と書き方をもとに、展開してください。

3　情報の収集と整理・発想

役に立つ情報を集めるコツは、日常の生活の中で情報収集を習慣化することです。

- 情報収集へ投資し、情報入手のチャネルを確保する
- 情報入手・整理・蓄積のための道具を整備する
- 同じ情報も観点を変えて見ると価値や訴えてくる情報量が変わる

習慣化し、常に問題意識・テーマをもって情報を探すならば、役に立つ情報は必ず集まってきます。また、情報の収集や整理・発想の仕方については、人それぞれに工夫しているものです。

ノーベル物理学賞を受賞した湯川秀樹氏は、創造力について次のように述べています。

「創造力というものは、ちょっと考えると記憶力と反対のもののように見えますが、実はそうではなく、相当大量の系統だった記憶を素地として生まれるものです」

また、元東北大学学長の西澤潤一氏は、「創造とは、頭の中にある知識を掛けたり、足したり、引いたりしながら生まれてくるものです」と述べています。

情報の整理・発想のための技法にはいろいろな方法があります。個々の技法については、それぞれの専門書を参考にしてください。

ここでは、文書作成に私が活用している方法を紹介いたします。
◇整理・発想の基本は「分ける」と「まとめる」
　「××を科学する」という言葉には、モノを分け各要素の特徴をはっきりさせることと、それらをまとめ全体としての機能をはっきりさせるという意味があります。
◇「ヌケ・モレ」をなくす方法
　・WBS（Work Breakdown Structure）法
　・５Ｗ１Ｈ
◇発想の触媒は刺激なり
　・ものごとをいろいろな観点から見る、衆知を集めるブレーンストーミング法
　・問題を定義し、解決策を発想するKJ法
　・参画意識を高め、問題・情報を共有化するデルファイ法

> コラム　**エジソンの工夫**
>
> 　エジソンの創設した研究所が、米国のニュージャージー州ウエストオレンジに博物館として公開されています。そこにエジソンが使っていた机が展示されています。その机の正面には、細かく区分された高さ50cmの棚があります。エジソンは、この棚にいろいろな種類の文献や書類、実験資料を区分けして整理していたようです。1093件にも及ぶ発明をした、エジソン流の情報収集と整理方法です。情報の収集と整理が、彼の生活の一部として習慣化していた様子をうかがい知ることができます。

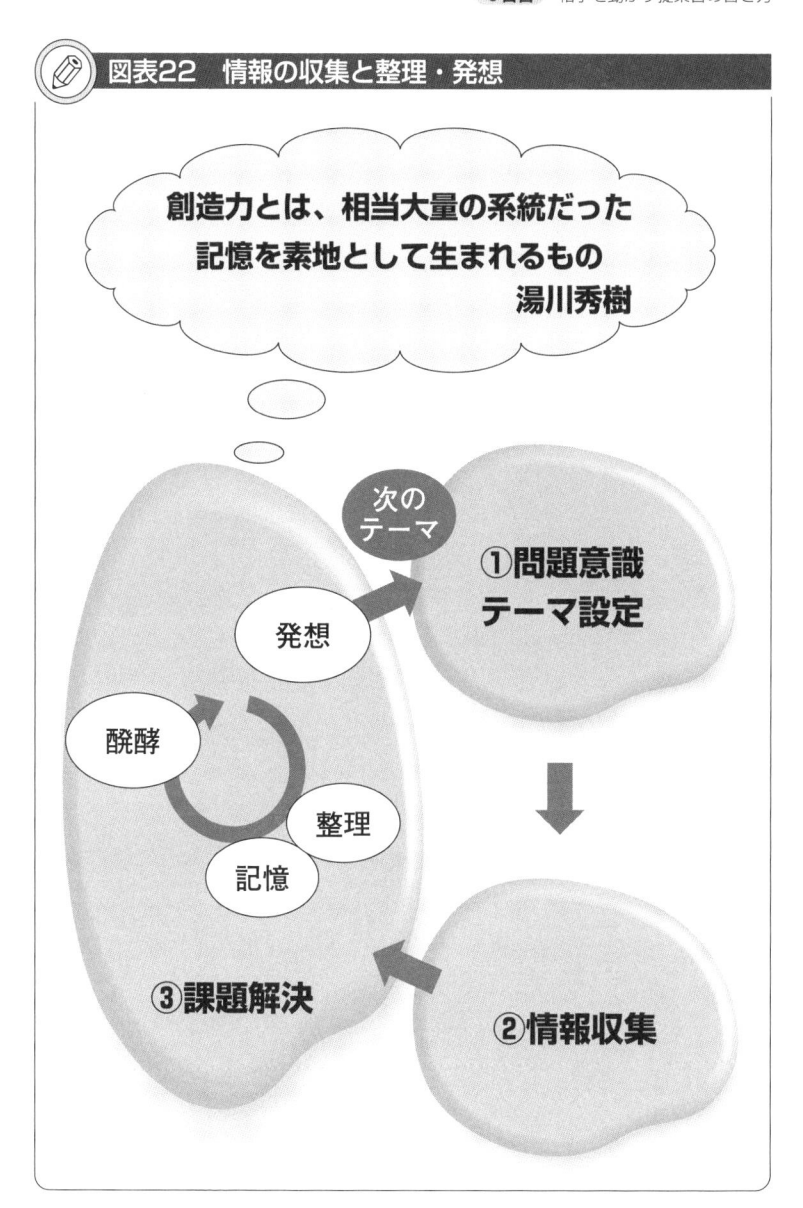

5日目 相手を動かす提案書の書き方

図表22　情報の収集と整理・発想

> 創造力とは、相当大量の系統だった
> 記憶を素地として生まれるもの
> 　　　　　　　　湯川秀樹

- ①問題意識 テーマ設定
- ②情報収集
- ③課題解決（記憶・整理・醗酵・発想）

次のテーマ

コラム　デルファイ法

　デルファイ（Delphi）法は、複数の専門家の意見をまとめ予測を行なう未来予測技法の1つです。この技法は、ランド社（米国）が開発したもので、多数の人に同一内容のアンケートを数回繰り返し、意見を収 斂(しゅうれん)させる方法です。この方法は、多数の直観的予測から一致意見を導き出すのに有力な手法です。

　デルファイとは古代ギリシャの有名な聖地でアポロンの神殿があり、昔、神々はこの地に集まってご神託を作ったといわれています。

(1)実施手順

　①問題に対する質問状を作る

　②回答者を選ぶ

　③アンケートを依頼する

　④結果を集計する

　⑤分析し、コメントを付す

　⑥③～⑤を繰り返す(回答が収斂するまで、3～5回程度)

(2)デルファイ法の利点

・参加者同士の心理的牽制がなく、自由な発想と討議ができる

・いったん述べた意見を撤回し、良い方向に向けられる

・有力者の意見に左右されることが少ない

・会議時間の制約がなく、自由な発想ができる

6日目
相手の役に立つ報告書の書き方

① 報告書の目的と必要項目を押さえる

1 「報告する」とは?

　ビジネスには、モノの流れ、お金の流れ、そして情報の流れという3つの流れがあります。この中で、人を動かすのが情報です。お客様から注文情報を受け取ると、商品を届け、お金を受け取ります。また、受注、出荷、納品、請求など、モノ、お金の動きに必ず情報がついて回るのです。

　職場で仕事を進めるうえでもこの情報の流れが大事です。私が入社したとき、先輩に教えられた言葉に「ホウレンソウ」という言葉があります。報告・連絡・相談の頭文字です。私たち新人を躾けるために教えてくれた言葉で、職場のコミュニケーションに必要な基本動作をうまくいい表していると思います。

　仕事は、成果と報告（情報）がなされて完了します。報告とは何か、まず報告の意義について考えてみましょう。

　報告は、「仕事の結果を伝え、相手の行動に役立つ」というコミュニケーション目的をもっています。仕事を進めるうえで、報告のもっている意義は、図表23に示したように2つあると思います。

①報告を受けた側は、仕事の成果を認識し、これからの仕事の方向をコントロールする
②報告者と報告を受ける人が情報を共有することによって、一体感が生まれます。さらに、それが蓄積され信頼関係がより強くなります

6日目 相手の役に立つ報告書の書き方

図表23 報告の意義

FROM：報告者
・状況のまとめ（記録、正確性）
・問題点や課題の抽出と解決策の策定

報告の意義
①仕事の効果・効率のコントロール
②情報共有による一体感の醸成と信頼関係の維持

TO：主たる報告を受ける者
・状況と見通しの把握（品質、日程、資源）
・今後の進め方の意思決定

CC：関連する部署
・状況と見通しの把握（品質、日程、資源）
・今後の進め方の意思決定

また、報告者の側からすると、仕事の区切りであり、状況をまとめ、問題点・課題を抽出し解決策を考える場となります。これまでの仕事の結果を客観的に見て、次につなげてゆくきっかけとなるのです。

　報告を受ける側からすると、成果と報告から品質、日程、資源の状況を把握し、今後の方策を立てることができます。また、関連部署も、全体の流れが把握でき、それぞれの立場で、これからの方向性を見極められるのです。

　報告という文字は、告に報いると書きます。指示されたこと（告）に対して、仕事を行ない、その結果で報いるということでしょう。

2 報告書は書くタイミングが大事

　報告書はどういう場合に書くのでしょうか？

　報告書を書くタイミングで分けると、日報や月報のようにある一定の期間ごとに書く（Time Driven）報告書と、出張報告や事故報告など、出来事ごとに書く（Event Driven）報告書があります。

　それぞれの報告のポイントは、次の通りです。

●Time Driven タイプ：定期的な報告であり、継続することに価値がある。受け取る側は、長期的なスパンの中で、状況が判断できる
●Event Driven タイプ：その出来事の状況を見て、即座に対応できるように、報告の即時性に価値がある

図表24 報告書のタイミングと種類

報告のタイミング	Time Driven	Event driven
報告書の例	日報、週報、月報 季報（期報） 年報	出張報告、行事実施報告、 研修報告、調査報告、研究報告、 事故報告、議事録
報告の価値	継続性	即時性

3 報告書の構造には2つの型がある

報告文書の構造には、原因対策型と調査研究型があります。それぞれは次の通りです。

a 原因対策型

図表25に原因対策型の報告書の構造を示します。この型は、Time Driven タイプと Event Driven タイプの調査報告と研究報告を除いた報告書の構造です。

例えば、「事故の状況→原因→対策」「実施結果→問題点→解決策」の展開であり、簡潔な3分割法の構造となります。報告を受ける側の動機づけ要素は、使命感、損得などが考えられます。

b 調査研究型

図表26に調査研究型の報告書の構造を示します。この型は、Event Driven タイプの調査報告と研究報告に有効です。

図表25　原因対策型

提示順	内　容　項　目	動機づけ要素
1	事実（現象／状況／結果）	使命感
2	原因の予測、立証	
3	対策	損得

図表26　調査研究型

提示順	内　容　項　目	動機づけ要素
1	目的（仕様・基準・方法）	使命感、向上心
2	方法、結果	
3	結論、推奨	損得

例えば、「調査目的→調査の方法と調査結果→調査目的に対する結論」の展開であり、報告を受ける側の動機づけ要素は、使命感、損得に加えて向上心などが加わると考えられます。

4 報告書のコミュニケーション分析

よく新聞記者が、記事のまとめ方として５Ｗ１Ｈということをいいます。事件や社会情勢などの内容を伝える場合に、５Ｗ１Ｈは項目のヌケ・モレを防ぐ良いやり方だと思います。

仕事の報告は、報告相手（Whom）が明確であり、相手を特定した内容である点が新聞の場合と異なります。

報告書のコミュニケーション仕様定義書は、今までのコミュニケーション仕様定義書とちょっと異なっています。

受信者の動機づけ要素（使命感、損得、向上心）は、明確ですから省いています。重要な項目は、「報告内容」です。ここでは、報告内容を、次に示す５Ｗ２Ｈで展開しています。

①伝達事項／主体（Why・What/Who）
②日時／場所（When/Where）
③方法／費用（How to/How much）

さらに、仕事には必ず問題や課題がつきものです。報告者は、仕事を行なった当事者（主体）として、問題点や課題を明確にし、さらに解決策や見通しまで記述すべきだと考えています。その意味で、次に示す２つの項目を入れています。

④問題点／課題
⑤解決策／見通し

文書33 報告書のコミュニケーション仕様定義書

◆コミュニケーション仕様定義書　報告書			
1	ビジネス目的		
2	コミュニケーション目的		
3	受信者	TO：	CC：
4	伝達タイミング	発信日時：	発信サイクル：
5 報告内容	①伝達事項／主体	☆Why（目的） ★What（実施事項、結果）	★Who（実施者、関与者）
	②日時／場所	★When	☆Where
	③方法／費用	☆How to（仕事のやり方）	☆How much（費用）
	④問題点／課題	☆	
	⑤解決策／見通し	☆	

★：必須項目　☆：報告内容に応じて選択

6日目　相手の役に立つ報告書の書き方

2 良い報告書と悪い報告書を見分ける

1 業務報告書の場合

演習13　文書34は、大沢主任が矢部課長に提出した業務報告書です。この文書を読んで、コミュニケーション仕様定義書をもとに評価し、改善点を挙げてください。手順は次の通りです。
① 文書34の業務報告書を読んで、読み取れる項目を文書35のコミュニケーション仕様定義書に記入し、評価する
② 改善点を挙げる
③ 161ページからの解答例を参照いただき、皆さんの挙げた改善点と解答例の改善点とを比較し、相手の役に立つ業務報告書とは何かを考える

文書34　業務報告書

平成20年5月27日

矢部課長
　（写し）田所主任、磯貝主任

設計第1G
主任　大沢

業務報告（週報：平成20年　5／19〜5／23）

1．ISO9001内部監査結果

　5／20内部監査委員（佐藤課長：品質管理課、田島主任：庶務課）による監査を受け、次の項目について指摘を受けた。

（1）MT105の設計レビュー記録にある変更内容が機能仕様書に反映されていない

（2）個人の教育歴が品質記録として保管されていない

2．MT105開発状況

　5／22　MT105の製品安全レビューを行なった。その結果、海外に輸出する場合の安全規格取得についてどうなっているか指摘された。

以上

文書35　業務報告書のコミュニケーション仕様定義書

◆コミュニケーション仕様定義書　報告書			
1	ビジネス目的	**業務効率・効果の向上**	
2	コミュニケーション目的		
3	受信者	TO：　　　　　　　　CC：	
4	伝達タイミング	発信日時：**平成20年5月27日**　発信サイクル：	
5 報告内容	①伝達事項／主体	☆Why（目的） ★What（実施事項、結果）	★Who（実施者、関与者）
	②日時／場所	★When	☆Where
	③方法／費用	☆How to（仕事のやり方）	☆How much（費用）
	④問題点／課題	☆	
	⑤解決策／見通し	☆	

|評価|

_____
_____
_____
_____
_____

|皆さんの改善点|
① _____
② _____
③ _____
④ _____
⑤ _____

　この業務報告書を設計図によってチェックすると次の点が改善点として挙げられます。
・報告の伝達タイミングが遅い
・場所、方法、費用の記述はないが、これは報告項目として今回価値はないでしょう
・問題点・課題に対する解決策・見通しが記述されていない

　この大沢主任の業務報告書を見て、矢部課長はどう思ったでしょうか？　解答例に示したように「だからどうするの？」といいたくなります。大沢主任の報告書からは、仕事で一番大事な主体性が、感じられない（表現されていない）のです。仕事の結果に対する問題点・課題に対し、自らの立場での解決策、もしくは見通しを書く必要があります。

6日目 相手の役に立つ報告書の書き方

(演習13の解答例)

業務報告書のコミュニケーション仕様定義書

◆コミュニケーション仕様定義書　報告書			
1	ビジネス目的	業務効率・効果の向上	
2	コミュニケーション目的	業務遂行状況を伝え相手の行動に役立ててもらう	
3	受信者	TO：矢部課長　　CC：田所主任、磯貝主任	
4	伝達タイミング	発信日時:**平成20年5月27日**　発信サイクル:**毎週**	
5 報告内容	①伝達事項／主体	☆Why（目的） ★What（実施事項、結果） 1. ISO9001内部監査状況 2. MT105開発状況	★Who（実施者、関与者） **大沢** 監査委員(佐藤課長、田島主任) レビュー者
	②日時／場所	★When　1. 5／20 　　　　　2. 5／22	☆Where
	③方法／費用	☆How to（仕事のやり方）	☆How much（費用）
	④問題点／課題	☆1. 記録の不備2件の指摘 　2. 海外対応未着手	
	⑤解決策／見通し	☆	

業務報告書の改善点

                1.報告を早くする   平成20年5月27日

矢部課長
  （写し）田所主任、磯貝主任

                                    設計第1G
                                    主任　大沢

業務報告（週報：平成20年　5／17〜5／21）

1．ISO9001内部監査結果

    5／20内部監査委員（佐藤課長：品質管理課、田島主任：庶務課）による監査を受け、次の項目について指摘を受けた。

（1）MT105の設計レビュー記録にある変更内容が<u>機能仕様書に反映されていない</u>。

（2）個人の教育歴が<u>品質記録として保管されていない</u>。

2．MT105開発状況

    5／22　MT105の製品安全レビューを行なった。その結果、海外に輸出する場合の安全規格取得について<u>どうなっているか指摘された</u>。

                      2.だからどうするのと言いたくなる   以上
                    問題点に対する解決策や見通しを入れる

2 出張報告書の場合

演習14 文書36は、河原さんが顧客先で打ち合わせた結果の出張報告書です。この文書を読んで、コミュニケーション仕様定義書をもとに評価し、改善点を挙げてください。手順は次の通りです。

① 文書36の出張報告書を読んで、読み取れる項目を文書37のコミュニケーション仕様定義書に記入し評価する

② 改善点を挙げる

③ 167ページからの解答例を参照いただき、皆さんの挙げた改善点と解答例の改善点とを比較し、相手の役に立つ出張報告書とは何かを考える

文書36　出張報告書

2008年1月28日

石田主任―宮本課長
写し：宮原営業課長

システム部設備課
河原

出　張　報　告　書

1．出張者　　石田主任、河原
2．出張日時　2008年1月25日（金）
3．出張先　　城東銀行様
4．出張目的　機器搬入に伴う作業変更打ち合わせ
5．面会者　　顧客側：北山課長、三谷主任　当社側：宮原営業課長、
　　　　　　石田主任、河原
6．打ち合わせ事項

　当初2／11　7：00機器搬入後、ケーブル接続に20時間の作業時間を確保していた。しかし、銀行側より当日、本番環境でのリハーサルを行ないたいと8時間要求された。

・ケーブル接続作業の一部を2／7夜実施することで当日の作業時間を3時間短縮する
・ケーブル接続確認をケーブル接続作業と並行実施することで2時間短縮する
・トータル作業時間15時間となり3時間不足だが何とかすることとした

以上

6日目 相手の役に立つ報告書の書き方

文書37　出張報告書のコミュニケーション仕様定義書

◆コミュニケーション仕様定義書　報告書			
1	ビジネス目的		
2	コミュニケーション目的	顧客要求に伴う作業変更打ち合わせ結果の伝達	
3	受信者	TO：石田主任―宮本課長　CC：宮原営業課長	
4	伝達タイミング	発信日時：2008年1月28日　　発信サイクル：	
5　報告内容	①伝達事項／主体	☆Why（目的） ★What（実施事項、結果）	★Who（実施者、関与者）
	②日時／場所	★When	☆Where
	③方法／費用	☆How to（仕事のやり方）	☆How much（費用）
	④問題点／課題	☆	
	⑤解決策／見通し	☆	

|評価|

|皆さんの改善点|
①
②
③
④
⑤

　この出張報告書の1番の問題点は「何とかする」という表現でしょう。どうするか見通しが必要です。「6.打ち合わせ事項」の表現は、変更前と変更後を明確に分けて表現すると、わかりやすくなります。改善案に示しましたが、このような打ち合わせ結果は、顧客に対しても提示し（形は社外文書）、合意しておく必要があります。顧客に提出した文書は、契約事項になります。

6日目 相手の役に立つ報告書の書き方

演習14の解答例

📝 出張報告書のコミュニケーション仕様定義書

◆コミュニケーション仕様定義書　報告書			
1	ビジネス目的	顧客先への着実な機器納入	
2	コミュニケーション目的	顧客要求に伴う作業変更打ち合わせ結果の伝達	
3	受信者	TO：石田主任―宮本課長　CC：宮原営業課長	
4	伝達タイミング	発信日時：**2008年1月28日**　発信サイクル：**随時**	
5 報告内容	①伝達事項／主体	☆Why（目的） 顧客から要求されたリハーサル時間をどう捻出する ★What（実施事項、結果） 作業打ち合わせ結果	★Who（実施者、関与者） **顧客：北山課長、三谷主任** **当社：宮原営業課長、** 　　　**石田主任、河原**
	②日時／場所	★When 2008年1月25日 15：00～17：00	☆Where **城東銀行様**
	③方法／費用	☆How to（仕事のやり方）	☆How much（費用）
	④問題点／課題	☆**3時間の時間不足**	
	⑤解決策／見通し	☆**時間不足に対する解決策立案の見通し**	

出張報告書の改善点と改善文書

2008年1月28日

石田主任—宮本課長
写し：宮原営業課長

> 1.これとは別に、顧客に対し打ち合わせ結果を提出し、相互に確認する

システム部設備課
河原

出張報告書（城東銀行様打ち合わせ結果)

1. 出張者　　石田主任、河原

> 2.タイトルで内容が推定できるようにしたほうが良い

2. 出張日時　2008年1月25日（金）15：00～17：00
3. 出張先　　城東銀行様

> 3.時刻を入れる

4. 出張目的　機器搬入に伴う作業変更打ち合わせ
5. 面会者　　顧客側：北山課長、三谷主任　当社側：宮原営業課長、
　　　　　　　石田主任、河原
6. 打ち合わせ事項
   ① 当初計画　2／11　7：00機器搬入後、ケーブル接続20時間
   ② 1月18日、銀行側より2／11本番環境でのリハーサルを行ないたいと8時間要求された
   ③ 本日の打ち合わせ事項
   ・ケーブル接続作業の一部を2／7夜実施することで当日の作業時間を3時間短縮する
   ・ケーブル接続確認をケーブル接続作業と並行実施することで2時間短縮する
   ・トータル作業時間15時間となり3時間不足となる。不足分の対策は今週中に決める

以上

> 4.変更前と変更後を分けると明確になる

> 5.「何とかする」ではなく、どうするかの見通しを明記する

3 事故報告書の場合

演習15 文書38は、顧客先で起きた事故の報告書です。この文書を読んで、コミュニケーション仕様定義書をもとに評価し、改善点を挙げてください。手順は次の通りです。

①文書38の事故報告書を読んで、読み取れる項目を文書39のコミュニケーション仕様定義書に記入し、評価する

②改善点を挙げる

③173ページからの解答例を参照いただき、皆さんの挙げた改善点と解答例の改善点とを比較し、相手の役に立つ事故報告書とは何かを考える

文書38　事故報告書　社内版

QA2008-301
2008年3月4日

事業部長

品質管理部
長田　輝

HS10サーバ内蔵磁気ディスク装置障害調査結果の報告

　株式会社　日能通信品川支店様納めのHS10内蔵磁気ディスク装置における障害発生につき、下記の通り調査結果を報告する。

記

1．障害状況及び処置

　品川支店様で2007年12月21日14：00に、サーバにて障害が発生しオンラインシステムが停止した。処置として、同日に当該ディスク装置を保守部品と交換した。

2．調査結果と原因

　交換した磁気ディスクを品質管理部で調査したところ、特定シリンダで読み出し出力の部分的な低下現象（バッドスポット）を起こし、読み取り不能障害を再現した。原因は、長期稼働によりディスク円盤潤滑剤が減少し円盤回転中にヘッドの浮上が乱れ、ヘッドと円盤とが接触し磁性面が欠損しバッドスポットに至ったものと判断できる。

3．今後の対策方針

　ディスク装置を交換したことにより本障害は対策されたものと考える。磁気ディスクのエラー発生状況を監視するツールを1月11日に組み込み、エラー発生状況の監視を開始した。

　尚、本サーバは納入後5年経過しており、今後の安定稼働に向けオーバーホールをご検討頂くよう顧客にお願いする。

以上

6日目 相手の役に立つ報告書の書き方

文書39 事故報告書（社内版）のコミュニケーション仕様定義書

◆コミュニケーション仕様定義書　報告書			
1	ビジネス目的	障害再発防止の徹底と顧客信頼の回復	
2	コミュニケーション目的		
3	受信者	TO：**事業部長**　　CC：	
4	伝達タイミング	発信日時：**2008年3月4日**　　発信サイクル：	
5	報告内容	①伝達事項／主体	☆Why（目的） ★What（実施事項、結果）	★Who（実施者、関与者）
		②日時／場所	★When	☆Where
		③方法／費用	☆How to（仕事のやり方）	☆How much（費用）
		④問題点／課題	☆	
		⑤解決策／見通し	☆	

171

|評価|

_____
_____
_____
_____
_____

|皆さんの改善点|

① _____
② _____
③ _____
④ _____
⑤ _____

　この事故報告書は、多くの問題点を含んでいます。1番大事なことは、今後顧客の信頼を回復するための出発点となっているかどうかです。改善項目の3に指摘した「個別障害なのか、共通障害なのか」は、事故再発防止のために何をすべきか、その方向性を決める重要なポイントです。

　そして、本報告内容を関連部署にできるだけ早く伝える必要があります。

6日目 相手の役に立つ報告書の書き方

演習15の解答例

事故報告書（社内版）のコミュニケーション仕様定義書

◆コミュニケーション仕様定義書　報告書			
1	ビジネス目的	障害再発防止の徹底と顧客信頼の回復	
2	コミュニケーション目的	障害状況、原因、対策の伝達	
3	受信者	TO：事業部長　　CC：	
4	伝達タイミング	発信日時：**2008年3月4日**　発信サイクル：	
5 報告内容	①伝達事項／主体	☆Why（目的） ★What（実施事項、結果） **障害状況、原因、対策**	★Who（実施者、関与者） **長田品質管理部長**
	②日時／場所	★When **2007年12月21日**	☆Where **株式会社日能通信品川支店**
	③方法／費用	☆How to（仕事のやり方） **部品交換、監視ソフト組み込み**	☆How much（費用）
	④問題点／課題	☆**共通障害**	
	⑤解決策／見通し	☆**共通障害の対策結果**	

事故報告書　社内版　改善点と改善文書

QA2008-301
2008年3月4日

事業部長　(1.関連部署への通知)
写し：関係部長

品質管理部
長田　輝

HS10サーバ内蔵磁気ディスク装置障害調査結果の報告

　株式会社　日能通信品川支店様納めのHS10内蔵磁気ディスク装置における障害発生につき、12月末、1月の報告に続き、下記の通り調査の最終結果を報告する。

記　(2.報告の経過説明)　(3.顧客の被害状況)

1．障害状況及び処置

　品川支店様で2007年12月21日14：00に、サーバにて障害が発生しオンラインシステムが停止した。本障害により顧客窓口業務が3時間混乱し、想定1千万円の被害額を顧客に与えた。処置として、同日に当該ディスク装置を保守部品と交換した。

2．調査結果と原因

　交換した磁気ディスクを品質管理部で調査したところ、特定シリンダで読み出し出力の部分的な低下現象（バッドスポット）を起こし、読み取り不能障害を再現した。原因は、長期稼働によりディスク円盤潤滑剤が減少し円盤回転中にヘッドの浮上が乱れ、ヘッドと円盤とが接触し磁性面が欠損しバッドスポットに至ったものと判断できる。本障害は、同時期納入の同機種共通の障害と判断する。

3．再発防止策　(5.タイトルの変更)　(4.共通障害の明示と対策)

　上記顧客のディスク装置の交換をはじめ、同時期納入の同機種200台についてディスクの交換を2月末までに完了した。さらに、予防保守のため磁気ディスクエラー発生状況監視ツールを上記対象機種すべてに組み込み、エラー発生状況の監視を開始した。
　尚、今後の安定稼働に向け納入3年経過機種についてオーバーホールをご検討頂くよう顧客にお願いする。

以上

4 顧客に提出する事故報告書の場合

演習16 文書40は、前出の事故報告に関連し、顧客に対して出した事故報告書です。この文書を読んで、コミュニケーション仕様定義書をもとに評価し、改善点を挙げてください。手順は次の通りです。

①文書40の事故報告書を読んで、読み取れる項目を文書41のコミュニケーション仕様定義書に記入し、評価する
②改善点を挙げる
③179ページからの解答例を参照いただき、皆さんの挙げた改善点と解答例の改善点とを比較し、相手の役に立つ事故報告書とは何かを考える

文書40　事故報告書　社外版

2008年3月5日

株式会社　日能通信
品川支店長　吉田　栄　様

日能電子機器株式会社
営業部長　松田　貴之

HS10サーバ内蔵磁気ディスク装置障害調査結果のご報告

拝啓　早春の候、貴社ますますご清栄のこととお喜び申しあげます。平素より弊社製品をご愛用いただき誠にありがとうございます。
　さて、この度は弊社磁気ディスク装置の障害発生により多大なるご迷惑をお掛け致しましたこと、深くお詫び申しあげます。ここに、前回のご報告でお約束した調査結果並びに今後の事故防止策につきまして下記の通りご報告申しあげます。

敬具

記

1．障害状況及び処置
　御社品川支店様で2007年12月21日午後2時に、HS10サーバの内蔵磁気ディスクに障害が発生。オンラインシステムが停止しました。同日当該ディスク装置を保守部品と交換させて頂きました。
2．調査結果と原因
　交換したディスク装置を弊社で調査したところ、特定シリンダで読み出し出力の部分的な低下現象（バッドスポット）を起こし、読み取り不能障害となったことが判明致しました。その原因は、長期稼働によりディスク装置内の円盤潤滑剤が減少し、円盤回転中にヘッドの浮上が乱れ、ヘッドと円盤とが接触し磁性面が欠損することにより、バッドスポットに至ったものと判断しております。
3．再発防止策
　ディスク装置を交換したことにより本障害の対策を完了致しました。今後は、一時的エラー発生状況を管理するプログラムを組み込み、さらなる予防保守の強化に努めます。

以上

事故報告書(社外版)のコミュニケーション仕様定義書

◆コミュニケーション仕様定義書　報告書			
1	ビジネス目的		
2	コミュニケーション目的	事故をお詫びし、原因と再発防止策を納得してもらい信頼回復の糸口とする	
3	受信者	TO:株式会社日能通信吉田品川支店長　CC:	
4	伝達タイミング	発信日時:2008年3月5日　発信サイクル:	
5 報告内容	①伝達事項／主体	☆Why(目的) ★What(実施事項、結果)	★Who(実施者、関与者) 松田営業部長
	②日時／場所	★When 2007年12月21日午後2時	☆Where 株式会社日能通信品川支店
	③方法／費用	☆How to(仕事のやり方)	☆How much(費用)
	④問題点／課題	☆	
	⑤解決策／見通し	☆	

|評価|

___

|皆さんの改善点|
① ___
② ___
③ ___
④ ___
⑤ ___

　この事故報告書が、「良いか悪いか」。それは、顧客がこれを見て納得し、今後も継続してビジネス関係を維持してくれるかどうかで決まります。起きてしまった事故は、仕方がありません。事故報告書は、今後の信頼回復への第1歩です。「災いを転じて福となす」という言葉があります。とにかく、顧客に納得してもらい、信頼回復の道筋を示すことです。

演習16の解答例

文書41　事故報告書（社外版）のコミュニケーション仕様定義書

◆コミュニケーション仕様定義書　報告書			
1	ビジネス目的	信頼関係の回復とビジネスの継続化	
2	コミュニケーション目的	事故をお詫びし、原因と再発防止策を納得してもらい信頼回復の糸口とする	
3	受信者	TO：株式会社日能通信　CC：日能電子　松田　吉田　品川支店長	
4	伝達タイミング	発信日時：2008年3月5日　発信サイクル：	
5 報告内容	①伝達事項／主体	☆Why（目的） 再発防止策の理解と信頼関係の回復 ★What（実施事項、結果） 事故内容、原因、対策、再発防止策	★Who（実施者、関与者） 松田営業部長
	②日時／場所	★When 2007年12月22日午後2時	☆Where 株式会社日能電子品川支店
	③方法／費用	☆How to（仕事のやり方）	☆How much（費用）
	④問題点／課題	☆	
	⑤解決策／見通し	☆	

事故報告書　社外版　改善点と改善文書

2008年3月5日

株式会社　日能通信
品川支店長　吉田　栄　様

日能電子機器株式会社
営業部長　松田　貴之

HS10サーバ内蔵磁気ディスク装置障害調査結果のご報告

拝啓　早春の候、貴社ますますご清栄のこととお喜び申しあげます。平素より弊社製品をご愛用いただき誠にありがとうございます。
　さて、この度は弊社磁気ディスク装置の障害発生により多大なるご迷惑をお掛け致しましたこと、深くお詫び申しあげます。ここに、12月末、1月のご報告を含め前回のご報告でお約束した最終調査結果並びに今後の事故防止策につきまして下記の通りご報告申しあげます。

敬具

記

> 1. 報告の経過の明示

１．障害状況及び処置
　御社品川支店様で2007年12月21日午後2時に、HS10サーバの内蔵磁気ディスクに障害が発生。オンラインシステムが停止しました。同日当該ディスク装置を保守部品と交換させて頂きました。

２．調査結果と原因
　交換したディスク装置を弊社で調査したところ、特定シリンダで読み出し出力の部分的な低下現象（バッドスポット）を起こし、読み取り不能障害となったことが判明致しました。その原因は、長期稼働によりディスク装置内の円盤潤滑剤が減少し、円盤回転中にヘッドの浮上が乱れ、ヘッドと円盤とが接触し磁性面が欠損することにより、バッドスポットに至ったものと判断しております。

> 2. 一時エラー発生状況管理プログラムの組込み時期の明示

３．再発防止策
　ディスク装置を交換したことにより本障害の対策を完了致しました。また、一時的エラー発生状況を管理するプログラムを2月末に組み込み、さらなる予防保守の強化に努めております。

以上

③ 相手の役に立つ報告書

1 報告書を書く際の重要ポイント

報告書を書く場合の重要ポイントを示します。

a　タイミングよく

情報の価値は時間経過とともに減少します。

週報や月報のような Time Driven の報告書は、継続性が重要であり、「継続は力なり」という言葉通り、お互いの信頼関係を築いていくものです。

事故報告や出張報告のような Event Driven の報告書は、タイミングが大事です。火事が起きたときの第一報「火事だ」は、それだけで非常に価値のある情報です。同じように、「事故が起きた」という報告は、上司にとって1番価値のある情報です。

また、信頼関係は報告内容とその回数に比例するものです。報告書はこまめに、労を惜しまずに書きましょう。

b　主体性をもった報告書を書く

大沢主任が書いた業務報告書（週報）の問題点は、主体性がないことでした。仕事の結果に対し、問題点／課題、解決策／見通しが必要です。常に自分の意見をもって文書作成に臨む心構えが必要です。

c　悪いニュースほど早く

人は、自分が仕事でミスを起こした場合、率直にいいづらいものです。しかし、「事故です」の一言をいいそびれ、大事故に発展した事例はたくさんあります。悪いニュースほど早く伝えるようにしましょう。

「報告をやらされている」と考えるか、「報告をするチャンスが与えられた」と考えるかで、大きな違いがあります。報告する、信頼される、次の仕事を任される、仕事の成果を出す、報告する、……。このような好循環にしたいものです。

2 相手を動かす仕事の頼み方・仕事の受け方

良い仕事の成果と報告は、仕事の頼み方からはじまります。

こういう例がありました。コンピュータを組み立てている職場での話です。工場の組立作業をしている人は、自分の組み立てたコンピュータがどこで役に立っているのか知りません。あるとき、職場の現場主任が「皆が組み立てているコンピュータは、座席予約、新幹線の列車運行制御、気象予測に使われ、世の中に役に立っている」という話をしました。その後、その職場では各人が生き生きと働き、作業ミスが減ったということです。

仕事に対する動機づけをどのように与えるか、そこから仕事の成果、報告内容の良し悪しが決まってくるのです。仕事を頼む場合、次のことを心掛けると良いでしょう。

①目的・目標の正確な伝達と意識づけ・動機づけ
②各人の責任と権限を明確にし、関係者の役割を決めておく
③納期、スケジュールを明示する

仕事を受ける場合に、私は、「ハイ、メモ、理解、質問、復唱」が大切と教えられました。大事なことは、仕事の重要性の理解と、自分の裁量（責任と権限）範囲をはっきりさせておくことです。

3 報告書のパフォーマンス分析

皆さんが日常行なっている報告は、相手にうまく伝わっているでしょうか？

あなたの報告書の効果について、一度分析をしてみましょう。図表27を見てください。

図表27　報告業務のパフォーマンス評価

報告書の種類	報告相手	報告内容	媒体	頻度／サイクル	相手の評価	自己評価
週報	課長	実施した業務内容と進捗状況	電子メール	毎週	?	○

自分はうまく伝えているつもりでも、その報告書に課長は必ずしも満足していないかもしれません。報告相手に率直に意見・評価をもらい、それを一覧にしてみてください。この分析を行なうことで、次のことが改善されます。

①報告に関し、お互いの求めているレベル差（内容、タイミングなど）が認識できる
②お互いにコミュニケーションに関する関心が高まる（報告に対する要求の明示、報告に対する反応の明示など）

> **コラム** 良い報告をもらうには

　効果の高い仕事をしてもらうためには、仕事の頼み方にも工夫が必要です。次の会話を見てください。

　『石切り場にやってきた男が、石工に「何をやっているのか」とたずねた。一人の石工は不機嫌な表情で「このいまいましい石を切っているところさ」とぼやいた。別の石工は満足げな表情で「大聖堂を建てる仕事をしているんだよ」と誇らしげに答えた。完成した暁の大聖堂の全容を思い描くことができて、しかもその建設工事の一翼を担っている石工は、ただ目前の花崗岩を見つめてうんざりしている石工より、はるかに満足しているし生産的だ。真のビジネスリーダーとは、大聖堂を設計し人々にその完成予想図を示して、建設への意欲を鼓舞する人間のことである。』

　　（『真実の瞬間』ダイヤモンド社1990年　ヤン・カールソン著　堤猶二　訳）

　このような頼み方をすれば、良い仕事の結果が得られると思います。そして、良い報告書が得られると思います。

7日目
会議文書の書き方とこれだけは知っておきたい文書ルール

① 会議の目的を知り、文書を書く

1 効果のある会議をしているか

　ある調査によると、オフィスにおける会議は週に4.5回、1日当たりの時間は1.5時間から2時間とあります。皆さんの職場では、どのくらいですか。多くの時間を会議に費やしていませんか。

　昔から、会議の生産性を上げるための方策がいろいろと考えられてきました。この章では、会議開催通知書と会議議事録を中心に、効果のある会議について考えてみましょう。

　会議の目的は、出席者が知恵を出し合い、意見を闘わせ(審議)、はっきりした形の最善の結論を出す（議決する）ことです。そして出席者は、たとえ発言しなくても、また結論に反対でも、その会議の結論に対して責任の一端を負います。

　結論の出ない「回議」、誰もが黙して意見の出ない「貝議」、目的がはっきりしない「怪議」にならないようにしたいものです。

2 目的別会議の種類と進め方

　会議は、大きく4種類に分けることができます（図表28）。

a　決定会議

　企業活動のための意思決定を行なう会議をいいます。事業方針、活動計画、人・モノ・金の投資配分の決定など、組織全体としての方向を決める会議です。この会議のポイントは、決定権のある人の参加、すなわちキーパーソンの出席が重要です。

b　伝達会議

　情報の伝達を行ない、情報共有を行なうための会議をいいます。

図表28　会議の種類と進め方

会議の種類	会議の目的	進め方	ポイント
決定会議	活動を行なうための意思決定	①判断資料の準備、②資料の事前配付・検討、③議案説明、④質疑・応答、⑤議決、⑥実施責任者へのアドバイス、⑦実行計画の作成、⑧実施状況・結果報告	意思決定者の参加、キーパーソンの選定
伝達会議	情報の伝達と確認情報共有	①資料準備、②情報伝達、③質疑応答、④理解度の把握・補足	効果・効率的な情報伝達
調整会議	全体目標に対する個の活動の適性化	①最終目標の確認、②対立点の明確化、③達成目標の討議、④達成目標からみた対立点の討議、⑤対立点を統合する方策の検討、⑥統合方策の確認とお互いの実施内容の確認、⑦確認事項の議事録配付、⑧お互いの実施状況の報告・確認	納得する達成目標の合意
アイデア創出会議	問題解決	①問題設定、②目標設定、③問題解決策の検討（発散と収束）、④総合評価	参加者の選定

例えば、課長が課長会議の内容を課員に伝える会議がそれです。この会議のポイントは、情報伝達の効率化と情報共有をいかにうまく行なうかです。

c　調整会議

いろいろな部署で作業を行ない最終的にまとめていく場合、各部署の作業の進み具合を調整してゆく必要があります。そのための会議を調整会議といいます。

例えば、プロジェクト会議を例に取り上げると、各チームの作業の進み具合を毎週の調整会議で出し合い、遅れているチームの作業をどうするか、お互いに知恵を出し合い、最終ゴールに間に合うように調整することです。調整会議のポイントは、競合することではなく、共通の目的に対して、今何をすべきかを議論することにあります。

d　アイデア創出会議

仕事をしていると、いろいろな問題に突き当たります。その問題を解決するためのアイデアを出し合う会議をアイデア創出会議といいます。

3　準備から後処理まで、会議をデザインする

会議の準備から会議の後処理まで、会議を進めていくうえで、必要となる作業項目を図表29に示します。効果のある会議にするためには、それぞれの項目をどのように進めていったらいいのでしょう。

a　会議の企画

会議の企画の出発点は、会議の目的を明確にすることです。目的が決まれば、議題が決まります。議題が決まれば、その議題について議論するにふさわしい出席者と決定権のある人が決まりま

図表29　会議のデザイン

手順	会議の企画	会議開催準備	会議の進行	会議の後処理
デザイン項目	①会議目的の設定 ②議題の決定 ③出席者と役割の決定 ④資料作成手配 ⑤日時決定・場所の決定	①関与者への案内 　案内状の作成、配布、出欠確認 ②会議資料の作成、レビュー ③会議場設定 　レイアウト、雰囲気、席順、名札、茶菓、食事 ④プレゼンテーション設備設定 　黒板、OHP、VDT、プロジェクター	①会議推進者の役割 　会議目的の収束、会場・出席者の把握、時間管理 ②司会者の役割 　会議目的の徹底、望ましい合意点への到達、出席者の性格傾向への把握、資料確認 ③進行手順 　定刻開始・定刻終了、議題趣旨説明、進行手順を出席者に告げ協力を求める、質疑は公平に受ける、少数意見も尊重する、所定の時間内に結論を出せない場合の処置をとる	①会場整理 　会議場の整理、諸支払い、用品撤去 ②会議結果の処理 　議事録作成・レビュー・配布、決定事項の実施責任者への連絡、実行計画の作成・実施状況のフォロー、未決事項の処理

す。出席者が決まれば、お互いに集まれる日程を決めることができます。

　また、会議の目的から、出席者に対する動機づけ要素も決まります。例えば、業務改善のための、パソコン導入検討会議であれば、向上心、業績向上（損得）、部署によっては使命感などが動機づけ要素として考えられます。議題、検討資料についても、目的と動機づけを満足させる内容項目を考えればいいでしょう。

b　会議開催準備

　会議開催準備で一番大事なのは、会議開催案内状の作成、配布、そして予定者の出席を確保することです。そのためには、相手が日程を確保できる余裕をもった日程で案内状を出すことが重要です。

　次に、会議資料の準備です。会議資料は、場合によっては事前配布し、当日の会議の効率的運営を行なうこともできます。

c　会議の進行

　会議進行の重要な要件は、多くの人に意見を出してもらいながら、望ましい合意点に近づけることです。時間管理も重要です、特に時間内で結論を出せないと判断した議題について、次にどうするかを決めることが大事です。

d　会議の後処理

　会議の後処理で大事な作業は、会議議事録の作成です。会議議事録は、できるだけ速やかに作成し、議長などのレビューを受け、関係者に配布します。そして、会議で決めたことを、早く実行してもらうことが大切です。

7日目 会議文書の書き方とこれだけは知っておきたい文書ルール

② 会議の開催案内状と議事録を作成する

1 案内状は日程に注意

> **演習17** 文書42は、会議開催案内です。この文書を読んで、コミュニケーション仕様定義書をもとに評価し、改善点を挙げてください。手順は次の通りです。
>
> ①文書42の会議開催案内を読んで、読み取れる項目を文書43のコミュニケーション仕様定義書に記入し評価する
> ②改善点を挙げる
> ③195ページからの解答例を参照いただき、皆さんの挙げた改善点と解答例の改善点とを比較し、相手が参加してくれる会議開催案内とはどういうものかを考える

文書42　会議開催案内

平成19年12月26日

新人教育委員会　委員各位

教育部企画課
新井（2956）

会　議　開　催　通　知　書

日時：平成20年1月9日　10：00～12：00

場所：第3会議室

議題：1　H19年度新人教育実施結果の確認

　　　2　H20年度新人教育カリキュラムの検討

以上

-------------------------------- キ　リ　ト　リ　線 --------------------------------

教育部　企画課　新井　行

　　　　会議名：<u>平成20年度新人教育検討会議</u>

　出席者氏名：　　　　　　電話番号：

　<u>1月8日（水）までにご回答願います。</u>

文書43　会議開催案内のコミュニケーション仕様定義書

◆コミュニケーション仕様定義書		
1	ビジネス目的	**教育効果の向上**
2	コミュニケーション目的	
3	文書タイトル	**会議開催通知書**
4	発信者	FROM：
5	受信者	TO：　　　　　　　　CC：
6	受信者のバックグラウンド	地位・組織： 専門分野・出身：
7	伝達タイミング	発信日時：**平成19年12月26日**　発信サイクル：
8	動機づけ要素	向上心、興味、使命感	
		ルール、慣習、マナー	
		不安感、損得、利便性	
9	行動内容	

|評価|

|皆さんの改善点|

① _____
② _____
③ _____
④ _____
⑤ _____

　この会議開催案内には、多くの問題点があります。特に、大きな問題点は、次の2点です。

● 日程は、相手が日時を確保しやすいように余裕をもって案内状を出すべきでしょう。一般的には、1カ月以上前の案内とすべきでしょう。社内であっても2週間くらいは、必要だと思います

● 会議の目的が明示されていない。これでは、受信者に出席させるための動機づけ情報が何も与えられていません

演習17の解答例

会議開催案内のコミュニケーション仕様定義書

◆コミュニケーション仕様定義書		
1	ビジネス目的	教育効果の向上
2	コミュニケーション目的	平成20年度新人教育改善のための検討会議への参加要請
3	文書タイトル	会議開催通知書
4	発信者	FROM：教育部企画課　新井
5	受信者	TO：新人教育委員会　委員　CC：
6	受信者のバックグラウンド	地位・組織：**各セクションの代表** 専門分野・出身：**各技術の専門家**
7	伝達タイミング	発信日時：**平成19年12月26日**　発信サイクル：
8	動機づけ要素	(向上心)、興味、(使命感)　・会議開催の趣旨 　　　　　　　　　　　　・何を準備すればいいか ルール、慣習、マナー 不安感、損得、利便性
9	行動内容	・会議参加準備 ・出欠の連絡

会議開催案内の改善点と改善文書

平成19年12月10日

新人教育委員会　委員各位

[1.相手が日程を確保できるように余裕をもって案内する]

教育部企画課
新井（2956）

[3.出席者への動機づけのための開催趣旨]　[2.タイトルの工夫]

<u>平成20年度新人教育検討会　開催通知</u>

　平成20年度新人教育カリキュラムの検討会をいたしたくご案内いたします。平成19年度の内容は、受講者にも好評でした。平成20年度もさらに教育効果を上げたいと思います。
　つきましては、下記の通り平成20年度新人教育検討会を開催致します。事前検討資料をお読みいただき、ご出席くださるようお願いいたします。
　尚、1月7日（月）までに出欠のご連絡を下記票に記入し、お送りくださるようお願いいたします。

記　[4.別記表記とする]

1．日　　時：平成20年1月9日（水）　10：00～12：00
2．場　　所：第3会議室
3．議　　題：①平成19年度新人教育実施結果の確認
　　　　　　　②平成20年度新人教育カリキュラムの検討
4．その他　事前検討資料として「平成20年度新人教育カリキュラム案」
　　　　　　を同封いたします。

[5.必要に応じて事前検討資料も]

以上

------------------------------ キ　リ　ト　リ　線 ------------------------------

出欠連絡表

教育部　企画課　新井　行
　　　　　会議名：平成20年度新人教育検討会
　　　出席　欠席　　氏名：　　　　　　　　　　　　　電話番号：

2 議事録は実行を促すために書く

演習18 文書44は、新人教育検討会議の議事録です。この文書を読んで、コミュニケーション仕様定義書をもとに評価し、改善点を挙げてください。手順は次の通りです。

①文書44の新人教育検討会議の議事録を読んで、読み取れる項目を文書45のコミュニケーション仕様定義書に記入し、評価する

②改善点を挙げる

③201ページからの解答例を参照いただき、皆さんの挙げた改善点と解答例の改善点とを比較し、相手が動いてくれる会議議事録とは何かを考える

文書44　議事録

平成20年1月15日

新人教育委員会　委員各位

教育部企画課
新井（内線2956）

平成20年度新人教育検討会議事録

1. 日　時：平成20年1月9日　10：00～11：45
2. 場　所：第3会議室
3. 出席者：(宮本)、(坂元)、(田所)、(神林)、(東金)、(千葉)、(新井)、田島 記録

　　欠席者：(岡田)
4. 議事と決定事項

議事	決定事項	推進者
(1) 平成19年度教育実施結果		
(2) 平成20年度教育の検討	①「ISO9001品質保証システムの基礎」科目を追加する。次回カリキュラムを提案する。	品質管理部
	②ビジネススキル向上の一環として「ディベート入門」科目を追加する。次回カリキュラムを提案する。	教育部
	③「プログラミング演習」科目に、グループによる総合演習を入れる。次回提案する。	教育部
(3) その他	④新入社員教育検討委員会メンバーに製造部門からも参加すべきであるとの意見が出た。	

以上

(注) 上記出席者、欠席者の(　)は、様という敬称の記号とします。企業により、このような記号で敬称を表現することもあります。

7日目 会議文書の書き方とこれだけは知っておきたい文書ルール

文書45　議事録のコミュニケーション仕様定義書

◆コミュニケーション仕様定義書　報告書			
1	ビジネス目的	教育効果の向上	
2	コミュニケーション目的	決定事項の確認・通知と行動の指示	
3	受信者	TO：**新人教育委員会 委員各位**　CC：	
4	伝達タイミング	発信日時：　　　　発信サイクル：	
5	①伝達事項／主体	☆Why（目的） ★What（実施事項、結果）	★Who（実施者、関与者）
報告内容	②日時／場所	★When	☆Where
	③方法／費用	☆How to（仕事のやり方）	☆How much（費用）
	④問題点／課題	☆	
	⑤解決策／見通し	☆	

199

評価

___
___
___
___
___

皆さんの改善点
① ___
② ___
③ ___
④ ___
⑤ ___

　議事録の役割について考えてみましょう。議事録は、会議で決めたことを実際に行なう約束（契約）です。したがって、実施を促すような文書でなくてはなりません。

　文書44の議事録の改善点として、特に次の2点がポイントです。推進者欄には個人名まで記入し、推進者が誰であるのかをはっきりさせます。これにより推進担当者は自分の責任が明確になり、実行する意識が高まります。

　また、事務局は推進者の作業状況をフォローする役割も担っています。次回の会議の予定を表記することで、いつまでに何をやらなければいけないかを推進者は考えることになります。必要があれば、進捗会議を召集して、実行を促すこともできるでしょう。

7日目 会議文書の書き方とこれだけは知っておきたい文書ルール

演習18の解答例

議事録のコミュニケーション仕様定義書

◆コミュニケーション仕様定義書　報告書			
1	ビジネス目的	教育効果の向上	
2	コミュニケーション目的	決定事項の確認・通知と行動の指示	
3	受信者	TO：新人教育委員会 委員各位　CC：	
4	伝達タイミング	発信日時：　　　発信サイクル：	
5 報告内容	①伝達事項／主体	☆Why（目的） **教育効果の向上** ★What（実施事項、結果） 平成19年度の教育実施結果の確認 平成20年度教育の検討	★Who（実施者、関与者） **教育企画部（新井）、田島** **新人教育委員会委員**
	②日時／場所	★When **平成20年1月9日** **10：00～11：45**	☆Where **第3会議室**
	③方法／費用	☆How to（仕事のやり方）	☆How much（費用）
	④問題点／課題	☆製造部門も参加すべきいう意見が出た	
	⑤解決策／見通し	☆製造部門の参加要請を事務局が行なう	

201

議事録の改善点と改善文書

平成20年1月10日

新人教育委員会　委員各位

教育部企画課
新井（内線2956）

平成20年度新人教育検討会議事録

1．日　時：平成20年1月9日（水）10：00〜11：45
2．場　所：第3会議室
3．出席者：（宮本）、（坂元）、（田所）、（神林）、（東金）、（千葉）、新井、
　　　　　記録：田島
　　欠席者：（岡田）
4．議事と決定事項

議事	決定事項	推進者
(1)平成19年度 教育実施結果	・平成19年度の結果と反省点を確認した。	
(2)平成20年度 教育の検討	①「ISO9001品質保証システムの基礎」科目を追加する。次回カリキュラムを提案する。	品質管理部 （田所）
	②ビジネスキル向上の一環として「ディベート入門」科目を追加する。次回カリキュラムを提案する。	教育部 （神林）
	③「プログラミング演習」科目に、グループによる総合演習を入れる。次回提案する。	教育部 （東金）
(3)その他	・新入社員教育検討委員会メンバーに製造部門の参加が必要である。事務局が折衝する。	教育部（新井）

（吹き出し）
1.推進者は、できるだけ個人名が良い。行動してもらえる
2.確認事項も明記する
3.意見を検討し、会議の中で結論づける

5．次回開催予定　平成20年2月10日（月）時刻と場所は後報

以上

③ これだけは知っておきたい文書のルール

1 著作権の基礎知識

著作権という言葉はどこかで耳にしたことがあるのではないでしょうか？ しかし、どんな権利か説明するとなると、ちょっとやっかいです。

ここでは、かんたんに基礎知識だけを押さえます。

a なぜ著作権制度があるのか

著作権制度がなぜ作られたのか、その目的は、著作権法第1条に次のように定義されています。

「この法律は、著作物並びに実演、レコード、放送及び有線放送に関し著作者の権利及びこれに隣接する権利を定め、これらの文化的所産の公平な利用に留意しつつ、著作者の権利の保護を図り、もって文化の発展に寄与することを目的とする」

著作権制度の趣旨は、著作者に権利を与え、著作物の利用に際して著作者が正当な利益を確保できるようにし、文化を生み出す下地を育てることです。また、多くの人が、著作物の文化的所産を公正に利用できるようにすることも目的としています。

b 保護される著作物とは

著作権によって保護されるものを「著作物」といいます。著作権法第2条では、著作物を「思想又は感情を創作的に表現したものであって、文芸・学術・美術又は音楽の範囲に属するもの」と定義しています。

図表30に著作物の具体例を示しています。特に「プログラムの

著作物」は、コンピュータのプログラムであり昭和60（1985）年に著作物として明記されました。

c 著作権の保護の対象

保護の対象は、思想（アイデア）そのものではなく、創作的な表現です。創作性が必要なのは、表現であって内容ではありません。

「表現したもの」が著作物であるということです。何らかの形で外部に表現されていれば著作物として保護されます。これに対し、特許はアイデアそのものを保護します。ここが著作権と特許の大きな違いです。

優れた技術上のアイデアの保護は、知的所有権（特許法、実用新案法）と民法で保護されています。

d 著作権の有効範囲

方式主義と無方式主義という2つの考え方があります。

日本における著作権は、無方式主義で、著作物の創造によって自動的に成立します。ベルヌ条約加盟国（130カ国、1998年現在）はこの方式を採用しています。また、著作権を意味する特別の表示も必要ありません。

これに対して、著作物1つ1つを登録する方式を方式主義と呼び、ベルヌ条約に加盟していない一部の国がこの方式を取っています。

そこで、方式主義の国で無方式主義の国の著作物を保護する仕組みが必要になり、このために万国著作権条約（1952年）でこのための仕組み（マルC表示）が作られたのです。本書の奥付ページにもこの表記がなされています。

Ⓒ Masashi Yamazaki 2008

図表30　著作物の例

著作物の種類	具体例
言語の著作物	小説、エッセイ、論文、脚本、詩、短歌、俳句、新聞・雑誌の記事など言語を用いて表現されたもの。文字で表現されたものばかりではなく、講演、座談会など口頭で表現されたものも含む。また、歌詞やマンガについてもそれぞれ音楽の著作物、美術の著作物であるとともに言語の著作物でもある。
音楽の著作物	楽曲、歌詞など音を用いて表現されたもの。
舞踊・無言劇の著作物	バレエ、ダンス、パントマイムなど身体活動をとおして表現されたもの。
美術の著作物	絵画、彫刻、書、版画、武術工芸品など造形的な美を表現したもの。
建築の著作物	建築物、庭園、橋梁など。
図形の著作物	図画、図表、地図、模型など。
映画の著作物	劇場用の映画、テレビ番組、ビデオ作品など映像の連続によって表現されたもの。
写真の著作物	芸術写真、報道写真、肖像写真など。
プログラムの著作物	コンピュータに対する指令の組み合わせとして表現されたもの。

All Rights Reserved,Copyright © 1995,2008,ABC,Ltd.

2 著作物の利用ルール

　他人の著作物を利用する場合には、原則として著作権者の許諾が必要となります。しかし、「文化の発展に寄与」という著作権法の主旨から、合理的な理由がある場合には権利を制限して、著作者の許諾を得なくても著作物を利用できるように定めています。

　著作権者の許諾を得て利用する場合でも、原則として出所（著者名、書籍タイトルや雑誌名、出版社名、発行年月など）を明示する必要があります（第48条）。

3 著作物の引用の仕方

　引用とは、自説の拠り所として他の著作物の一部を補助として引き合に出すことをいいます。引用は、相手方の許諾を受けなくても良いとされていますが、次のルールを守る必要があります。

- 公表済みのものであること
- 公正な慣行に合致するものであり、かつ引用の目的上正当な範囲内であること（正当な範囲内とは、原著作物の販売等を妨害しない範囲）
- 出典、著作者などを明示すること
- 引用する資料は、引用する著作者の内容に対して従の関係にあること
- 本文と引用する著作内容を明確に区別すること

　引用のねらいと効果には、次のようなものがあります。

- 持論の客観性を示すため
- 著名な人の言葉を併記することによる持論の権威付け
- 法令などの原文を引用することによる明確さ、力強さ
- 第三者にいわせることによる効果（日本人の謙譲、謙虚さを美徳とする気質）

4 社会秩序への配慮

　書き手が不適切な表現と意識しないで書いた場合でも、読む側の判断基準によって不適切と指摘されるケースがあります。次のような表現には注意が必要でしょう。

- 差別性を誘発する文言は使わない
    - ・社会的差別を意味する文言
    - ・民族差別を誘発する文言
    - ・職業に対する差別意識を誘発する文言
- 心身障害者及びその家族に不快感を与える文言は使わない
- 文章を強調する意味での付属語の使い方によって差別意識を誘発する文言は使わない

巻末資料

- 手紙の用語
- 尊敬と謙譲の表現
- ワークシート

手紙の用語

(1) 冒頭語と結語

発信	一般的な用件	拝啓 – 敬具
	改まった用件	謹啓 – 敬白
	挨拶を省略する	前略 – 草々
返信		拝復 – 敬具
再信		再啓 – 敬具

(2) 前文
(a) 時候の挨拶

正月	新春の候　寒月の候	寒さも緩み気持ちのよいお正月を迎えました
1月	寒月の候	厳しい寒さが続きますが
2月	立春の候	寒さいまだ厳しい折から
3月	早春の候	暑さ寒さも彼岸までと申しますが
4月	陽春の候　桜花の節	春爛漫の季節となりましたが
5月	若葉の候	若葉の美しい季節となりました
6月	初夏の候　青葉の候	初夏の風もすがすがしいころとなりました
7月	盛夏の候	暑中お見舞い申し上げます
8月	残暑の候	残暑厳しい折から
9月	立秋の候	虫の音も聞かれる今日このごろ
10月	仲秋の候　紅葉の節	秋も深まってまいりましたが
11月	晩秋の候	朝晩冷え込んでまいりましたが
12月	初冬の候　師走の候	心せわしい師走となりましたが
いつでも	時下	

(b) 先方安否の挨拶
①個人向け

先生	におかれましては	ご健勝	のことと	お喜び申しあげます
貴職	ますます	ご壮健	のご様子	何よりと存じます
貴君	いよいよ	ご清栄	の由	なによりです
貴女	なにより	ご多幸	の趣	大慶に存じます
皆様	ひときわ	大慶	の段	祝福申しあげます
ご家族			とお聞きし	

②組織向け

貴社	におかれましては	ご清栄	のことと	お喜び申しあげます
御社	ますます	ご隆盛	のご様子	何よりと存じます
貴所	いよいよ	ご盛栄	の由	なによりです
御所	なにより	ご繁栄	の趣	大慶に存じます
貴会	一段と	ご発展	の段	祝福申しあげます
皆々様	ひときわ		とお聞きし	

(c) 感謝やお詫びの挨拶
①感謝の挨拶

平素は	いろいろとご厚情をいただき	厚くお礼を申しあげます
いつもは	お引き立てを賜り／にあずかり	心からお礼申しあげます
日頃は	お引き立てをいただき	いつも感謝しております
毎度	ご高配を賜り	まことにありがたく存じます
常々	ご指導をいただき	深く喜んでいる次第です
先日は	ご教示いただき	恐縮に存じます
先般は		心から喜んでおります

②ご無沙汰の挨拶

平素は	ご無沙汰いたしまして	まことに申し訳ございません
いつも	ご無沙汰ばかりで	大変申し訳ございません
日頃は	ご無沙汰の段	深くお詫びいたします
久しく	ご挨拶もいたしませず	誠に恐縮に存じます
長らく	ご挨拶もせず	恐縮しております
すっかり	お伺いもせず	なにとぞご容赦ください
その後は	お目にもかからず	心からお詫び申しあげます

③お詫びの挨拶

本日は	ご迷惑をおかけし	まことに申し訳ありません
先日は	お手をわずらわせ	深くお詫び申しあげます
過日は	ご無礼を働き	幾重にも非礼をお詫び申しあげます
先般は	ご面倒をおかけし	お詫びの言葉もありません
先だっては	ご無理を申しあげ	ご容赦くださいますように
このたびは	ご心配をおかけし	

④催促の挨拶

何かとご都合もおありかと存じますが
ご多用中のところ恐れいりますが
種々ご事情もおありかと存じますが
ご承知のことと存じておりますが
いかなるご事情によるものかは存じませんが

（3）主文

さて、	このたび当社では…
	貴社におかれましては…
	早速でございますが…
	過日お送り申しあげました書類…
	貴社発売の…
	かねてからお約束の…
	大変申しあげにくいことですが…

（4）末文

まずは、	とりあえず書中をもってご挨拶申しあげます。
	とりあえずご報告かたがたご挨拶申しあげます。
	略儀ながら書中にてご挨拶申しあげます。
	取り急ぎご照会まで。
	ご通知かたがたお願い申しあげます。
	ご依頼申しあげます。
	お願いかたがたご案内まで。
	お礼まで。
以上、	略儀ながらご挨拶かたがたお願い申しあげます。
	ご回答申しあげます。
	よろしくご了承ください。

尊敬と謙譲の表現

(1) よく使う動詞の尊敬・謙譲・丁寧の表現例

尊敬表現	尊敬表現	謙譲表現	丁寧表現
居る	いらっしゃる	おる	居ます
行く／来る	おいでになる、お越しになる	伺う、参る	行きます／来ます
会う	お会いになる、会われる	お目にかかる、お会いする	会います
言う	おっしゃる、お話になる、言われる	申す、申し上げる	言います
聞く	お聞きになる、お尋ねになる、聞かれる	伺う、承る、お尋ねする、お聞きする、拝聴する	聞きます
する	なさる	いたす、させていただく	します
見る	ご覧になる	拝見する、	見ます
知っている	ご存じ、知っていらっしゃる	存じ上げる	知っています
受ける	お受けになる	いただく、賜る、授かる	受けます
もらう	お受け取りになる	いただく、頂戴する	もらいます
食べる	召し上がる	頂戴する、いただく、ご馳走になる	食べます

(2) よく使う言葉の丁寧な表現

・あっち／こっち → あちら／こちら	・～でいいですか → ～でよろしいでしょうか
・さっき → さきほど（先ほど）	・どうしますか → いかがいたしましょうか
・すごい → とても、非常に、大変	・～と言います → ～と申します
・だんだん → しだいに（次第に）	・わかりました → かしこまりました
・もうすぐ、すぐ → まもなく（間もなく）	・そうすると → そういたしますと
・やっぱり → やはり	

(3) よく使う人や物の尊称・卑称

社外文書においては、相手側を敬い、自分側をへりくだった表現をするマナーが求められる。

①個人や組織

対象	尊称（相手側）	卑称（自分側）
本人	○○様、貴職	私、当方、小生、小職
家族	皆様、皆々様、ご一同様、ご家族の皆様	家族、家中、私ども一同
会社	貴社、御社、貴店、貴行	当社、弊社、小社、当店 当行
団体	貴会、貴協会	当会、本会、当協会
官公庁	貴省、貴庁、貴署	当省、当庁、当署

②物や情報

対象	尊称（相手側）	卑称（自分側）
品物	ご厚志、結構な品、お心づくし	寸志、粗品、心ばかりの品
文書	貴信、貴書、ご書面、お手紙	弊信、書面
意見	ご意見、ご高説、ご意向	私見、愚見、私案
授受	お納め、ご笑納	拝受、受領、受納
訪問	ご来訪、ご来社、ご来店、お越し お立ち寄り	お伺い、ご訪問、お訪ね、参上

コミュニケーション仕様定義書

◆コミュニケーション仕様定義書		
1	ビジネス目的	
2	コミュニケーション目的	
3	文書タイトル	
4	発信者	FROM：
5	受信者	TO： CC：
6	受信者のバックグラウンド	地位・組織： 専門分野・出身：
7	伝達タイミング	発信日時： 発信サイクル：
8	動機づけ要素	向上心、興味、使命感
		ルール、慣習、マナー
		不安感、損得、利便性
9	行動内容	

報告書のコミュニケーション仕様定義書

◆コミュニケーション仕様定義書　報告書			
1	ビジネス目的		
2	コミュニケーション目的		
3	受信者	TO：	CC：
4	伝達タイミング	発信日時：	発信サイクル：
5 報告内容	①伝達事項／主体	☆Why（目的） ★What（実施事項、結果）	★Who（実施者、関与者）
	②日時／場所	★When	☆Where
	③方法／費用	☆How to（仕事のやり方）	☆How much（費用）
	④問題点／課題	☆	
	⑤解決策／見通し	☆	

★：必須事項　☆：報告内容に応じて選択

テーマからパラグラフ構造への展開シート

章立て	キーワード／ストーリー	書き出し文

提案内容の発想フレームワークシート

	顧 客	仕事（プロセス）	スキル
現状	②お客様は誰か？	①今の仕事は？	
改善後	③新たな顧客価値は？	④価値を生むための新しい仕事は？	⑤その仕事に必要なスキルを身につけるには？ ・組織として ・個人として

著者紹介●

山﨑政志（やまざき　まさし）

1945年新潟県柏崎市生まれ。東京電機大学工学部応用理化学科卒業。
(株)日立製作所にてコンピュータ技術者教育、コンピュータ教育センタ部運営、ICカードシステム開発取り纏め、コンピュータ設計技術管理取り纏めに携わる。
2001年に独立。山﨑技術士事務所を設立し、情報技術者教育とコンサルティング、文書作成技術教育を主体としたスキル向上支援を行っている。
技術士（情報工学）、公認システム監査人、ITコーディネータ、株式会社日立インフォメーションアカデミー講師。
http://www7a.biglobe.ne.jp/~yamaza/

技術者のための　わかりやすく書く技術

2008年7月10日	初版第1刷発行
2022年6月5日	第9刷発行

著　者――― 山﨑政志
　　　　　　Ⓒ 2008 Masashi Yamazaki
発行者――― 張　士洛
発行所――― 日本能率協会マネジメントセンター

〒103-6009　東京都中央区日本橋2-7-1　東京日本橋タワー
TEL　03(6362)4339（編集）／03(6362)4558（販売）
FAX　03(3272)8128（編集）／03(3272)8127（販売）
https://www.jmam.co.jp/

装　丁――――冨澤崇（EBranch）
本文DTP―――株式会社マッドハウス
印刷所――――広研印刷株式会社
製本所――――株式会社三森製本所

本書の内容の一部または全部を無断で複写複製（コピー）することは、法律で認められた場合を除き、著作者および出版者の権利の侵害となりますので、あらかじめ小社あて承諾を求めてください。

ISBN 978-4-8207-1723-2 C2034
落丁・乱丁はおとりかえします。
PRINTED IN JAPAN

JMAM 好評既刊図書

トヨタ生産方式の原点

大野耐一[著]

トヨタ生産方式の基本的な考え方を語り下ろした平成13年刊『新装版 大野耐一の現場経営』を構成し直し、いまでは希少な大野氏講演DVDを付けて再刊行。

●A5判176頁

日本のモノづくり
トヨタ生産方式の基本としくみ

佃 律志[著]

トヨタ生産方式生みの親である大野耐一氏の薫陶を受けた著者による「実務に使うための本」。知識だけでなく、導入法がわかる。

●A5判256頁

新聞記者に学ぶ観る力、聴く力、伝える力
記者トレ

井藤 元[監修]
毎日新聞社[編]

新聞記者のスキルを解剖した新しい教育プログラム「記者トレ」。記者のノウハウを自分の仕事や生活に活かすための一冊。

●四六判212頁

10年後に活きる人脈のつくり方
自分らしい、幸せな働き方を実現しよう！

河上純二[著]

29歳でリストラ、45歳で起業するまでに転職7社、50歳で11社の企業の顧問として自分らしい幸せな働き方を実現できたのはすべて人とのつながりと説く著者が、ワークアズライフを目指す人に向けて人脈術を語りおろします。

●四六判232頁

日本能率協会マネジメントセンター

JMAM 好評既刊図書

仕事が早くなる！
計画力＆習慣力

日本能率協会マネジメントセンター[編]

計画力や習慣力を強くするには何をすればよいかを、できる人たちが日頃実践している事例をもとに具体的なノウハウを解説。

●四六判216頁

仕事が早くなる！
読み書き＆思考術

日本能率協会マネジメントセンター[編]

読む・書く・話す・聞く・考える、そして情報整理の技術を向上させるための仕事にすぐ効くテクニックを図解やイラストで紹介。

●四六判216頁

失敗の活かし方100の法則

桑原晃弥[著]

失敗は「最高の教科書」。リスクを恐れず、その場しのぎに逃げず、「失敗する勇気」を持って堂々と立ち向かいたくなる一冊。

●四六判224頁

ダンドリ倍速仕事術100の法則

松井順一[著]
佐久間陽子[著]

タスク管理、整理・整頓、計画・時間管理、問題解決、働きやすい職場づくりなど、ダンドリよく効率的に仕事を速めるアイデア100を図解。

●四六判224頁

日本能率協会マネジメントセンター

JMAM 好評既刊図書

結果を出す人のPDCA100の法則

鹿野和彦[著]

在宅勤務や出社制限の中で計画的に目標達成するためにPDCAをどう使えば結果が出せるようになるかが見開き図解でわかる。仕事スキルを磨くフレームワークも満載。

●四六判224頁

仕事が早くなる！
CからはじめるPDCA

日本能率協会マネジメントセンター[編]

PDCAの基本的な活用法からスケジュール管理や目標管理など、日々の仕事を段取りよく進めるためのノウハウがわかる。

●四六判216頁

人生が大きく変わる話し方100の法則

酒井とし夫[著]

話し方を磨いて年商1億円の講演家になった実体験ノウハウ公開！ボイトレ活用とあがり解消で自信あふれる話し方ができるようになる！

●四六判224頁

すぐできる！
論理的な話し方

大嶋友秀[著]

結論(Point)、理由(Reason)、裏付け(Example)、まとめ(Point)という流れで話を論理的に組み立てるPREP法の使い方がわかる。

●A5判152頁

日本能率協会マネジメントセンター